La Révolutio

Albert Soboul

La Révolution française

QUADRIGE / PUF

ISBN 2 13 042520 8
ISSN 0291 0489

Dépôt légal — 1re édition : 1965
1re édition « Quadrige » : 1989, mars

« Que sais-je ? »
108, boulevard Saint-Germain, 75006 Paris

INTRODUCTION

DES CAUSES DE LA RÉVOLUTION FRANÇAISE ET DE SES CARACTÈRES

La Révolution marque l'avènement de la société bourgeoise et capitaliste dans l'histoire de la France. Sa caractéristique essentielle est d'avoir réalisé l'unité nationale du pays par la destruction du régime seigneurial et des ordres féodaux privilégiés : la Révolution, selon Tocqueville dans *L'Ancien Régime et la Révolution* (liv. II, chap. I), « dont l'objet propre était d'abolir partout le reste des institutions du Moyen Age ». Qu'elle ait finalement abouti à l'établissement d'une démocratie libérale précise encore sa signification historique. De ce double point de vue, et sous l'angle de l'histoire mondiale, elle mérite d'être considérée comme le modèle classique de la révolution bourgeoise.

L'histoire de la Révolution française pose ainsi deux séries de problèmes. Problèmes d'ordre général : ceux qui concernent la loi historique de la transition du féodalisme au capitalisme moderne. Problèmes d'ordre particulier : ceux qui tiennent à la structure spécifique de la société à la fin de l'Ancien Régime et qui rendent compte des caractères propres de la Révolution française au regard des divers types de la « révolution bourgeoise ».

Une remarque de vocabulaire s'impose. Nous savons les

observations critiques que suscitent les mots *féodalité*, *féodalisme* ici employés ; Georges Lefebvre, à propos d'un débat sur « la transition du féodalisme au capitalisme », avait avancé qu'ils ne convenaient pas. Comment dès lors désigner le type d'organisation économique et sociale que la Révolution a détruit et qui se caractérisait, non seulement par les survivances de la vassalité et du démembrement de la puissance publique, mais aussi par la persistance de l'appropriation directe par les seigneurs du produit du surtravail des paysans, ainsi qu'en témoignaient les corvées, les droits et redevances en nature et en argent auxquels ces derniers étaient assujettis ? Sans doute est-ce donner au mot *féodalité* une signification plus large, englobant les assises matérielles du régime lui-même. C'est en ce sens que l'entendaient les contemporains, moins peut-être les juristes au fait des institutions ou les philosophes surtout sensibles au fractionnement de la puissance publique, que les paysans qui en supportaient le poids et les révolutionnaires qui la jetèrent à bas. C'est en ce sens que l'entendait encore cet observateur clairvoyant entre tous, Tocqueville, écrivant dans *L'Ancien Régime et la Révolution* (liv. I, chap. V) que cette dernière avait entièrement détruit « tout ce qui, dans l'ancienne société, découlait des institutions aristocratiques et féodales ». Féodalité donc non au sens restreint du droit, mais notion d'histoire économique et sociale, se définissant par un certain type de propriété, par un mode de production historique fondé sur la propriété foncière, antérieur au capital moderne et au mode de production capitaliste. Inutile de préciser que la féodalité en ce dernier sens présente diverses nuances suivant le stade de son évolution, suivant aussi les pays et les régions. Le rôle historique de la Révolution française fut d'assurer, par la destruction de la féodalité ainsi définie, la transition vers la société capitaliste[1].

1. Sur la féodalité, au sens restreint, cf. M. Bloch, *La société féodale*, t. I : *La formation des liens de dépendance* (Paris, 1939) ; R. Boutruche, *IXe Congrès international des Sciences historiques*, I : *Rapports* (Paris, 1950) ; R. Boutruche, *Seigneurie et féodalité*, I : *Le premier âge des liens d'homme à*

I. — FÉODALISME ET CAPITALISME

A la fin du XVIIIe siècle, la structure sociale de la France demeurait d'essence aristocratique : elle conservait le caractère de son origine, de l'époque où la terre constituait la seule forme de richesse sociale et conférait donc à ceux qui la possédaient le pouvoir sur ceux qui la cultivaient. La monarchie capétienne avait bien, au prix de longs efforts, dépouillé les seigneurs de leurs droits régaliens : ils n'en avaient pas moins conservé leurs privilèges sociaux et économiques. Les droits seigneuriaux soulignaient toujours la sujétion des paysans.

La renaissance du commerce et le développement de la production artisanale avaient cependant créé, depuis les Xe-XIe siècles, une nouvelle forme de richesse, la richesse mobilière, et donné par là naissance à une classe nouvelle, la bourgeoisie, dont l'admission aux Etats généraux dès le XIVe siècle avait consacré l'importance. Dans le cadre de la société féodale, elle avait poursuivi son essor au rythme même du développement du capitalisme, stimulé par les grandes découvertes des XVe-XVIe siècles et l'exploitation des mondes coloniaux, comme par les opérations financières d'une monarchie toujours à court d'argent. Au XVIIIe siècle, la bourgeoisie était à la tête de la finance, du commerce, de l'industrie ; elle fournissait à la monarchie les cadres administratifs comme les ressources nécessaires à la marche de l'Etat. L'aristocratie, dont le rôle n'avait cessé de diminuer, n'en demeurait pas moins au premier rang de la hiérarchie sociale : mais elle se sclérosait en caste, alors même que la bourgeoisie grandissait en nombre, en pouvoir

homme (Paris, 1959). Sur le problème de la transition du féodalisme au capitalisme, cf. *The Transition from Feudalism to Capitalism, A Symposium* by P. M. Sweezy, M. Dobb, H. K. Takahashi, R. Hilton, C. Hill (London, 1954) ; R. H. Hilton, Y eut-il une crise générale de la féodalité ? (*Annales, Economies, Sociétés, Civilisations*, 1951, n° 1) ; G. Procacci, G. Lefebvre, A. Soboul, Une discussion historique : du féodalisme au capitalisme (*La Pensée*, 1956, n° 65) ; A. Soboul, La Révolution française et la féodalité. Notes sur le prélèvement féodal (*Revue historique*, 1968, n° 487, p. 33).

économique, en culture aussi et en conscience. Le progrès des Lumières sapait les fondements idéologiques de l'ordre établi en même temps que s'affirmait la conscience de classe de la bourgeoisie. Sa bonne conscience : classe montante, croyant au progrès, elle avait la conviction de représenter l'intérêt général et d'assumer la charge de la nation ; classe progressive, elle exerçait une attraction victorieuse sur les masses populaires comme sur les secteurs dissidents de l'aristocratie. Mais l'ambition bourgeoise, portée par la réalité sociale et économique, se heurtait à la lettre aristocratique des lois et des institutions.

Ces caractères n'isolaient pas la France du reste de l'Europe. Partout l'ascension de la bourgeoisie s'était opérée au détriment de l'aristocratie et dans les cadres mêmes de la société féodale. Mais les divers pays d'Europe ayant pris une part très inégale au développement de l'économie capitaliste, ces caractères les affectaient à des degrés divers, de la Hollande et de l'Angleterre qui dès le XVIIe siècle avaient accompli leur révolution bourgeoise, aux grandes monarchies de l'Europe du Centre et de l'Est aux bourgeoisies peu nombreuses et sans grande influence.

En France, dans la seconde moitié du XVIIIe siècle, l'essor de l'économie capitaliste, sur la base de laquelle s'était édifiée la puissance de la bourgeoisie, demeurait freiné par les cadres féodaux de la société, par l'organisation traditionnelle et réglementaire de la propriété, de la production et des échanges. « Il fallait briser ces chaînes, écrivent les auteurs du *Manifeste*, on les brisa. » Ainsi se pose le problème du passage du féodalisme au capitalisme. Il n'a pas échappé aux plus clairvoyants des hommes de l'époque. Loin d'être inspirée par un idéalisme abstrait, comme le voudrait Taine, la bourgeoisie révolutionnaire avait une conscience claire de la réalité économique qui faisait sa force et détermina sa victoire.

Barnave, le premier, a formulé, plus d'un demi-siècle avant Marx, la théorie de la révolution bourgeoise. Ayant vécu dans le Dauphiné, au milieu de cette intense activité industrielle qui, si l'on en croit l'inspecteur des manufactures Roland écrivant en 1785, faisait de cette province, pour la variété et la densité de ses entreprises, l'importance de sa production, l'une des premières du royaume, Barnave en vint à concevoir que la propriété *industrielle* entraîne l'avènement politique de la classe qui la détient. Dans son *Introduction à la Révolution française*, écrite en 1792, publiée en 1843, après avoir posé le principe que la propriété *influe* sur les institutions, Barnave constate que les institutions créées par l'aristocratie foncière contrarient et retardent l'avènement de la société nouvelle. « Le règne de l'aristocratie dure autant que le peuple agricole continue à ignorer ou à négliger les arts, et que la propriété des terres continue d'être la seule richesse... » « Dès que les arts et le commerce parviennent à pénétrer dans le peuple et créent un nouveau moyen de richesse au secours de la classe laborieuse, il se prépare une révolution dans les lois politiques ; une nouvelle distribution de la richesse prépare une nouvelle distribution du pouvoir. De même que la possession des terres a élevé l'aristocratie, la propriété industrielle élève le pouvoir du peuple ; il acquiert sa liberté... » Le peuple : entendons, sous la plume de Barnave, la bourgeoisie. Ayant ainsi nettement affirmé la correspondance nécessaire entre les institutions politiques et le mouvement de l'économie, Barnave lui rattache le mouvement des esprits : « A mesure que les arts, l'industrie et le commerce enrichissent la classe laborieuse du peuple, appauvrissent les grands propriétaires de terre et rapprochent les classes par la fortune, les progrès de l'instruction les rapprochent par les mœurs et rappellent, après un long oubli, les idées primitives de l'égalité. »

Tout autant que l'égalité avec l'aristocratie, c'était la liberté que réclamait la bourgeoisie : la liberté politique certes, mais plus encore la liberté économique, celle de l'entreprise et du profit. Le capitalisme exigeait la liberté parce qu'il en avait besoin pour assurer son essor, la liberté sous toutes ses formes : liberté de la personne, condition du salariat ; liberté des biens, condition de leur mobilité ; liberté de l'esprit, condition de la recherche et de la découverte scientifiques et techniques.

Que les causes profondes de la révolution bourgeoise soient à rechercher dans les survivances féodales et les contradictions de l'ancienne société, obstacle au développement des nouveaux moyens de production et d'échange, les révolutions néerlandaise dès la fin du XVIe siècle et anglaise au XVIIe l'avaient déjà montré. Mais cet aspect n'explique pas tous les caractères de la Révolution française. Qu'elle ait constitué l'épisode le plus éclatant, par sa violence même, des luttes de classe qui ont porté la bourgeoisie au pouvoir, les raisons doivent en être recherchées dans les traits spécifiques de la société française d'Ancien Régime.

II. — STRUCTURE ET CONJONCTURE

1. *Antagonismes sociaux.* — L'aristocratie (c'est-à-dire la noblesse et le haut clergé, l'ordre du clergé ne présentant aucune unité sociale) posait un double problème, social et politique.

Socialement, plus que sur les nuances et les oppositions dans les rangs de l'aristocratie, on doit insister sur son unité profonde et ses traits spécifiques : on les mesure par comparaison avec l'aristocratie anglaise qui ne connut ni le privilège fiscal ni le préjugé de dérogeance. Sans doute la noblesse française n'était pas homogène, l'évolution historique ayant introduit des différenciations à l'intérieur de l'ordre : noblesse d'épée traditionnelle et noblesse de robe, acquise à l'origine — noblesse de cour et noblesse provinciale, de sang l'une et l'autre, mais qu'opposait leur genre de vie. Sans doute encore au XVIIIe siècle, l'argent s'imposait à la noblesse, comme à la bourgeoisie, et tendait à dissocier ses rangs. Le noble, même d'épée, n'était rien s'il était pauvre. Il fallait être riche pour acquérir la noblesse, riche encore pour tenir son rang. Dans ses couches supérieures, l'aristocratie s'amputait d'une minorité que l'argent, l'esprit d'entreprise, les mœurs et les idées rapprochaient de la bourgeoisie. La masse de la noblesse échappait cependant à ce renouvellement, obstinément accrochée à ses privilèges et à sa mentalité traditionnelle.

Si l'exclusivisme nobiliaire ne date pas du XVIIIe siècle, il se renforça considérablement à la fin de l'Ancien Régime : l'armée (la mesure la plus célèbre en la matière est l'ordonnance de 1781), l'Eglise (en 1789, tous les évêques sont nobles), la haute administration (fini le règne de la « vile bourgeoisie ») se fermèrent aux roturiers. « D'une manière ou d'une autre, écrit Sieyès dans sa brochure *Qu'est-ce que le tiers état ?*, toutes les branches du pouvoir exécutif sont tombées aussi dans la caste qui fournit l'Eglise, la Robe et l'Epée. Une sorte d'esprit de confraternité fait que les nobles se préfèrent entre eux, et pour tout, au reste de la nation. L'usurpation est complète ; ils règnent véritablement. » Entre l'épée, la robe et la finance parvenue, la solidarité des intérêts assurait une fusion rapide : la diversité des origines s'effaçait dans l'affirmation du privilège. Le petit noble de province demeurait encore plus ancré dans sa condition : il y allait de son existence même. Renoncer aux droits seigneuriaux ou seulement payer l'impôt aurait précipité sa ruine. Le préjugé de dérogeance confinait les cadets à la misère, le droit d'aînesse réservant le patrimoine aux héritiers du nom. En certaines provinces une véritable « plèbe nobiliaire », selon l'expression d'Albert Mathiez, demeurait figée dans la tradition, se refusant à toute concession. Dans la nation, « où placer la caste des nobles ? » interroge Sieyès. Le plus mal ordonné de tous les Etats serait celui où « une classe entière de citoyens mettrait sa gloire à rester immobile au milieu du mouvement général et saurait consumer la meilleure part du produit, sans avoir concouru en rien à la faire naître. Une telle classe est assurément étrangère à la nation par sa fainéantise ». Lorsque l'existence du privilège fut mise en question, le roi « premier gentilhomme du royaume » pouvait-il se résigner à abandonner « sa fidèle noblesse » ?

La monarchie comme l'aristocratie n'eurent d'autre issue que la contre-révolution.

Politiquement, l'aristocratie s'est dressée au XVIIIe siècle contre l'absolutisme royal et l'a obstinément miné. Tout autant que par l'essor de la pensée bourgeoise et l'éclat de la philosophie des Lumières, l'époque a été marquée par un contre-courant d'idéologie aristocratique illustré par Boulainvilliers, Montesquieu, Le Paige. La féodalité fut justifiée par la conquête, les nobles étant issus des conquérants germaniques que le droit des armes aurait constitués seigneurs des Gallo-Romains réduits en servage. L'aristocratie est antérieure à la monarchie, les rois étant à l'origine élus. Puisant dans cet arsenal idéologique, solidement campée dans ces forteresses de l'exclusivisme aristocratique que constituaient les Cours souveraines, les Etats provinciaux et les Assemblées du Clergé, usant et abusant des droits des Parlements à l'enregistrement et aux remontrances, l'aristocratie, tant d'épée que de robe, a mené tout au cours du XVIIIe siècle l'assaut contre l'autorité royale. Les Cours et les Etats, rejetant toute tentative de réforme fiscale, en se donnant le beau rôle de défendre le contribuable, maintenaient en fait es privilèges à l'abri de toute atteinte. Maupeou avait brisé en 1771 l'oligarchie judiciaire ; Louis XVI, à son avènement, la rétablit dans ses pouvoirs ; elle contribua à la chute de Turgot. Dès lors l'attaque se généralisa au nom de la liberté, celle de l'aristocratie, l'Epée et la Robe faisant cause commune contre le pouvoir central, Parlements et Etats provinciaux se soutenant réciproquement.

L'opposition aristocratique culmina dans ce qu'Albert Mathiez a dénommé « la révolte nobiliaire » et Georges Lefebvre « la révolution aristocratique » (1787-1788) : « Les patriciens, a écrit Chateaubriand, commencèrent la Révolution ; les plébéiens l'achevèrent. » De la réunion de l'Assemblée des Notables, le 22 février 1787, à la décision du Parlement de Paris du 23 septembre 1788 (que les Etats généraux, convoqués pour le 1er mai par l'arrêt du Conseil du 8 août, se constitueraient comme en 1614, en trois ordres disposant du même nombre de représentants et votant séparément), les tentatives de réformes proposées par Calonne, puis par son successeur Loménie de Brienne furent enrayées par la résistance de l'Assemblée des Notables, ensuite par la révolte de la Cour des Pairs et des Parlements provinciaux. Ayant finalement imposé sa volonté au pouvoir royal, l'aristocratie triomphait.

« Révolution aristocratique » ?... L'expression paraît ambiguë. Si la noblesse (et ses cahiers de doléances l'illustrèrent bientôt) admettait un régime constitutionnel et le vote de l'impôt par les Etats généraux, si elle exigeait l'abandon de l'administration à des Etats provinciaux électifs (Etats généraux et Etats provinciaux qu'elle dominerait grâce au maintien de leur structure aristocratique), si elle se montrait soucieuse de liberté individuelle, elle était loin d'admettre l'égalité fiscale, elle était unanime quant au maintien des droits seigneuriaux. Aucun doute ne peut subsister : l'aristocratie a engagé la lutte contre l'absolutisme pour rétablir sa prépondérance politique et sauvegarder des privilèges sociaux dépassés — lutte qu'elle poursuivit logiquement jusqu'à la contre-révolution.

La problématique de cette « étape intermédiaire » a été récemment reprise et l'accent placé non plus sur le contenu social de l'épisode, mais sur la volonté de réforme de la monarchie[1] : réforme des impositions proposée par Calonne, relancée par Brienne, plus encore le vaste ensemble de réformes entreprises par Brienne, de l'administration centrale des finances et du commerce à la réforme militaire, des assemblées provinciales à la réforme judiciaire et à l'état civil des non-catholiques. Loménie de Brienne et ses collaborateurs avaient entrepris avec courage la rénovation d'un régime condamné : était-il en leur pouvoir d'en changer le contenu social ? La majorité des privilégiés n'étaient pas disposés à des sacrifices ; même limitées et partielles, les réformes lésaient leurs intérêts

1. Jean Egret, *La Pré-Révolution française, 1787-1788* (Paris, 1962).

et menaçaient leurs prérogatives. Si les justices seigneuriales étaient condamnées, il n'était pas question de toucher aux droits féodaux. La réforme militaire respectait les prérogatives de la noblesse de cour, elle refusait toujours aux roturiers l'accès aux grades d'officiers. Pour complaire à l'aristocratie, le pouvoir des intendants était démembré au profit des assemblées provinciales : mais la division en ordres y était maintenue, la présidence réservée aux privilégiés. Si la noblesse et le clergé perdaient une part de leur privilège fiscal, ils conservaient leur prééminence sociale, le clergé son autonomie administrative traditionnelle. Les réformes ne mettaient pas en cause la structure aristocratique de l'Ancien Régime : s'agissant de la préface à une révolution bourgeoise, peut-on dès lors parler de « Pré-Révolution » ? Plus que sur les tentatives de réforme, l'accent de cette « étape intermédiaire » semble bien devoir être maintenu sur la résistance victorieuse de l'aristocratie. Mais en minant le pouvoir royal, celle-ci ne s'avisait pas qu'elle ruinait le défenseur naturel de ses privilèges. La révolte de l'aristocratie ouvrit la voie au Tiers Etat.

***

Le Tiers Etat comprenait, confondus dans ses rangs, tous les roturiers, soit, selon Sieyès, 96 % de la nation. Cette entité légale masquait des éléments sociaux divers dont l'action spécifique diversifia le cours de la Révolution.

Que la bourgeoisie ait conduit la Révolution, c'est aujourd'hui vérité d'évidence. Encore faut-il constater qu'elle ne constituait pas, dans la société du XVIIIe siècle, une classe homogène. Certaines de ses fractions étaient intégrées dans les structures d'Ancien Régime, participant à des degrés variés aux privilèges de la classe dominante : soit par la fortune foncière et les droits seigneuriaux, soit par l'appartenance à l'appareil d'Etat, soit par la direction des formes traditionnelles de la finance et de l'économie. Elles souffrirent à des degrés divers de la Révolution.

De la grande bourgeoisie commerçante et industrielle, il serait nécessaire de mesurer exactement le rôle et dans la société d'Ancien Régime et dans la Révolution. Le capitalisme demeurait encore essentiellement commercial. Il dominait un secteur important de la production, soit dans les villes, soit dans les campagnes où le négociant-fabricant faisait travailler des façonniers à domicile. S'il représente historiquement une phase de transition, le capitalisme commercial ne portait pas essentiellement à la révolution de l'ancien système de production et d'échange dans lequel il était en partie intégré. Les secteurs de bourgeoisie qui lui étaient liés s'affirmèrent assez vite partisans d'un compromis. Ne pourrait-on de ce point de vue souligner une certaine continuité logique des Monarchiens aux Feuillants, puis aux Girondins ? Mounier, porte-parole des Monarchiens, devait écrire plus tard que son dessein était « de suivre les leçons de l'expérience, de s'opposer aux innovations téméraires et de ne proposer dans les formes de gouvernement alors existant que les modifications nécessaires pour maintenir la liberté ». Quant aux Girondins dont on connaît assez les liaisons avec la bourgeoisie des ports et le grand commerce colonial, l'exemple d'Isnard illustre leur position sociale et politique : député du Var à la Convention, célèbre par son apostrophe contre Paris, le 25 mai 1793 (« Bientôt on chercherait sur les rives de la Seine... »), Isnard était un négociant spécialisé dans le commerce en gros des huiles et l'importation des grains, propriétaire d'une manufacture de savon et d'un moulinage de soie. Exemple significatif d'une activité industrielle subordonnée au capital commercial et qui ne modifiait pas les traditionnels rapports de production : au point de vue social, comme au point de vue économique, l'industrie demeurait subalterne.

L'existence d'un large secteur de petite et moyenne bourgeoisie constituait déjà l'un des traits essentiels de la société française. La plus grande partie de la production locale demeurait alimentée par des artisans, producteurs indépendants et vendeurs directs. Mais il régnait dans l'artisanat une extrême diversité quant à la condition juridique et au niveau social. De ceux qui constituaient la moyenne bourgeoisie, au *petit* ou au *menu peuple* travaillant de ses mains, les nuances étaient nombreuses. Certains métiers, comme les Six Corps à Paris, étaient considérés et leurs membres comptaient parmi les notables. On a souvent cité l'opinion de la femme du conventionnel Lebas, fille du « menuisier » Duplay (entendons : entrepreneur en menuiserie), l'hôte de Robespierre : son père, soucieux de dignité bourgeoise, n'eût jamais admis à sa table l'un de ses « serviteurs », c'est-à-dire de ses ouvriers. On mesure ainsi la distance qui sépara les Jacobins des Sans-Culottes, la petite ou moyenne bourgeoisie des classes populaires proprement dites. Où s'arrêtaient les unes et les autres, il est difficile de le préciser. Dans la société d'Ancien Régime, à dominante aristocratique, les catégories sociales englobées sous le terme général de Tiers Etat n'étaient pas nettement tranchées. La production artisanale et le système boutiquier des échanges ménageaient des transitions insensibles du peuple à la bourgeoisie. Le compagnon travaillait et vivait avec le petit artisan, il en partageait la mentalité et les conditions matérielles. De l'artisan à l'entrepreneur, les nuances étaient multiples et les passages lentement gradués. Au haut de l'échelle des changements presque insensibles entraînaient une brusque mutation : au premier rang de la classe moyenne et déjà aux frontières de la bourgeoisie véritable, l'importance de l'entreprise, une certaine parenté avec les professions libérales, comme aussi des privilèges particuliers ou une réglementation spéciale isolaient libraires, imprimeurs, apothicaires, maîtres de poste, quelques gros entrepreneurs qui, s'ils traitaient de haut boutiquiers et compagnons, s'irritaient de voir les bourgeois proprement dits en user de même à leur égard.

Sur ces catégories sociales intermédiaires pesaient les contradictions d'une situation ambiguë. Relevant des classes populaires par leurs conditions d'existence et souvent la misère, les artisans n'en possédaient pas moins leur échoppe et leur petit outillage ; de tenir sous leur discipline compagnons et apprentis accentuait leur mentalité bourgeoise. Mais l'attachement au système de la petite production et de la vente directe les opposait à la bourgeoisie marchande et au capital commercial : les artisans se sentaient menacés par la concurrence de la manufacture, redoutant par-dessus tout de travailler pour le négociant-fabricant et d'être réduits ainsi à la condition de salariés. De là, parmi les artisans et les boutiquiers qui formèrent les cadres du mouvement populaire des aspirations contradictoires. Ils se dressaient contre la propriété concentrée aux mains des grands fabricants : mais ils étaient eux-mêmes propriétaires. Ils réclamaient la taxation des subsistances et des matières premières : mais ils entendaient maintenir la liberté de leur profit. Les revendications de ces catégories artisanales et boutiquières se sublimèrent en plaintes passionnées, en élans de révolte, particulièrement efficaces dans l'œuvre de destruction de l'ancienne société : elles ne purent jamais se préciser en un programme cohérent.

Aux catégories populaires proprement dites, l'esprit de classe manquait. Eparpillés dans de nombreux petits ateliers, ni spécialisés par suite du développement encore restreint de la technique, ni concentrés dans de grandes entreprises ou dans des quartiers industriels, souvent mal différenciés de la paysannerie, les salariés, pas plus que les artisans, n'étaient capables de concevoir à leur misère de remèdes efficaces : la faiblesse des compagnonnages l'attestait. La haine de l'aristocratie, l'opposition irréductible aux « gros » et aux riches furent les ferments d'unités des masses laborieuses. Quand les mauvaises récoltes et la crise économique, qui nécessairement en résultait, les eurent mises en mouvement, elles se rangèrent non comme classe distincte, mais comme associées à l'artisanat, derrière la bourgeoisie : ainsi furent portés à l'ancienne société les coups les plus efficaces. Mais cette victoire des masses populaires ne pouvait être qu' « une victoire bourgeoise » : la bourgeoisie n'accepta l'alliance populaire contre l'aristocratie que parce que les masses lui demeurèrent subordonnées. Dans le cas contraire, elle aurait vraisemblablement renoncé, comme au XIXe siècle en Allemagne et dans une moindre mesure en Italie, à l'appui d'alliés jugés trop redoutables.

Les paysans jouèrent un rôle non moins important dans la Révolution française : ce fut l'un de ses traits les plus originaux. En 1789, la grande majorité des paysans était depuis longtemps des hommes libres, le servage ne subsistant que dans certaines régions, Nivernais et Franche-Comté surtout. Les rapports féodaux de production n'en dominaient pas moins les campagnes, ainsi qu'en témoignaient les redevances seigneuriales et les dîmes ecclésiastiques. La dîme, détournée le plus souvent de son but primitif et qui présentait les inconvénients habituels d'un impôt en nature, paraissait d'autant plus insupportable que la hausse des prix en avait accru le profit : en temps de disette, elle était prélevée aux dépens de la nourriture du paysan. Ce qui subsistait des droits seigneuriaux était plus impopulaire encore, bien que certainement tout aussi lourd. Certains historiens ont tendance à minimiser le poids de la féodalité à la fin de l'Ancien Régime. Tocqueville leur a répondu par avance dans un chapitre de *L'Ancien Régime et la Révolution* : « Pourquoi les droits féodaux étaient devenus plus odieux au peuple en France que partout ailleurs » : si le paysan n'eût pas possédé le sol, il eût été moins sensible aux charges que le système féodal faisait peser sur la propriété foncière.

Sans doute faudrait-il distinguer d'un strict point de vue juridique ce qui était proprement féodal et ce qui était seigneurial. Les droits féodaux résultaient des contrats de fief. La hiérarchie des fiefs demeurait, ainsi qu'en témoignaient à chaque mutation *l'aveu et le dénombrement*, et le paiement d'une taxe ; là où les roturiers se portaient acquéreurs de fiefs, et le cas n'était pas rare dans le Midi, ils étaient assujettis à une redevance spéciale dite de *franc-fief*. Les droits seigneuriaux trouvaient leur principe dans la souveraineté exercée au Moyen

Age par les seigneurs. De l'autorité seigneuriale, il subsistait une part de la justice, haute ou basse, caractère essentiel de la seigneurie — des prérogatives honorifiques, symbole de la supériorité sociale du seigneur — des monopoles comme le droit exclusif de chasse et les banalités. Des droits seigneuriaux, les uns étaient *personnels*, corvées et redevances diverses, les autres *réels* : pesant sur les terres, non sur les personnes, ils traduisaient la *propriété éminente* du seigneur (on disait encore la *directe*), le paysan n'ayant que la propriété *utile*. Des droits réels, les uns étaient annuels (soit en argent, *cens* ou *rentes*, soit en nature, *champart* ou *terrage* dans le Nord, *agrier* dans e Midi), les autres *casuels* (*lods et ventes* sur les mutations). Tel était, schématisé (Boncerf évalue à plus de trois cents les diverses espèces de redevances dans sa brochure sur les *Inconvénients des droits féodaux*, 1776), le *complexum feudale* selon l'expression des juristes : la *féodalité* dans le vocabulaire ordinaire du temps. Que les masses paysannes unanimes à l'exécrer aient porté à travers elle un coup mortel à l'aristocratie, prouve assez que la *féodalité* constituait le trait essentiel de la société d'Ancien Régime. « La féodalité était demeurée la plus grande de toutes nos institutions civiles en cessant d'être une institution politique, écrit Tocqueville. Ainsi réduite, elle excitait bien plus de haines encore, et c'est avec vérité qu'on peut dire qu'en détruisant une partie des institutions du Moyen Age on avait rendu cent fois plus odieux ce qu'on en laissait. »

Face à l'exploitation féodale, la communauté rurale demeurait unie : face au seigneur, face au décimateur, face encore à l'impôt royal. Mais derrière cet antagonisme fondamental, des oppositions se percevaient déjà qui portaient en germe les luttes du XIXe siècle, une fois la féodalité et l'aristocratie détruites. L'inégalité avait depuis longtemps pénétré dans la communauté rurale, elle tendait à la dissocier.

Dans les régions de grande culture, l'application du capital et de ses méthodes au travail agricole en vue d'une culture intensive et d'une production pour le marché, avait entraîné d'évidentes répercussions sur la condition paysanne. Le groupe social des grands fermiers se développa largement à la fin de l'Ancien Régime, concentrant non la propriété, mais l'exploitation : les paysans des plaines céréalières du Bassin parisien se plaignirent dans leurs cahiers de doléances de la « réunion » des fermes et s'obstinèrent en vain, jusqu'en l'an II, à en réclamer la division. Ainsi s'affirmait déjà l'antagonisme d'un capitalisme agricole et d'une paysannerie en voie de prolétarisation. Manquant de terre, dépouillés de leurs droits collectifs à mesure que se renforçaient la propriété privée et la grande exploitation, les petits paysans grossissaient les rangs d'un prolétariat misérable et instable, prêt à se dresser aussi bien contre les grandes fermes que contre les châteaux.

Sans doute ne faut-il pas exagérer ces traits : à la veille de la Révolution, la majeure partie du pays demeurait le domaine de la petite culture traditionnelle. Mais ici encore l'inégalité s'était introduite au sein de la communauté rurale. La propriété des biens communaux, les contraintes collectives sur la propriété privée (interdiction de clore, assolement obligatoire), les droits d'usage sur les champs (vaine pâture, droits de glanage et de chaumage), sur les prairies (droit de seconde herbe) ou sur les bois avaient longtemps constitué de solides assises communautaires. Dans la seconde moitié du XVIIIe siècle, sous la poussée de l'individualisme agraire et avec l'appui du pouvoir royal (édits de clôture, *triage* des communaux), la structure communautaire fut ébranlée : l'aristocratie surtout en profita. Mais au sein de la communauté, quelques laboureurs propriétaires, « coqs de village », dominaient manouvriers et petits paysans qui en dépendaient pour leurs attelages ou leur pain quotidien ; ils produisaient déjà plus ou moins pour le marché, accaparaient l'administration villageoise et s'adaptaient à la rénovation de l'agriculture. Cette paysannerie propriétaire, tout autant qu'à l'aristocratie qui pesait sur sa terre par les droits seigneuriaux, était hostile à la communauté rurale qui la grevait de droits collectifs et limitait sa liberté d'exploitation et de profit : elle aspirait à se libérer de toutes ces restrictions. La paysannerie pauvre au contraire manquant de terre et obligée, pour assurer son pain, de chercher un salaire d'appoint sur la terre des autres ou dans l'industrie rurale, se cramponnait d'autant plus aux droits collectifs et aux modes traditionnels de production qu'elle sentait qu'ils lui échappaient : la masse paysanne opposait la réglementation de la culture à la liberté de l'exploitation.

Conception d'un droit limité de la propriété, action revendicative contre la concentration des exploitations ou des entreprises : ces traits caractérisaient un idéal social populaire à la mesure des conditions économiques du temps. Paysans et artisans, pour disposer librement de leur personne et de leur travail, devaient d'abord cesser d'être inféodés à autrui, attachés à la terre ou prisonniers dans le cadre d'une corporation. De là, leur haine contre l'aristocratie et l'Ancien Régime : les classes populaires ont été le moteur de la révolution bourgeoise. Mais, producteurs immédiats ou ambitionnant de le devenir, paysans et artisans fondaient la propriété sur le travail personnel et rêvaient d'une société de petits producteurs, chacun possédant son champ, son atelier, sa boutique ; confusément, ils entendaient prévenir la constitution d'un monopole de la richesse, comme d'un prolétariat dépendant. Ces aspirations profondes rendent compte des luttes sociales et politiques sous la Révolution, de leurs péripéties et de leur progression : de 1789 à 1793, on assiste à un approfondissement de la lutte de la bourgeoisie contre l'aristocratie, marqué par le rôle grandissant des couches moyennes et des masses populaires, non à un changement de nature des luttes sociales. En ce sens, on ne peut parler d'un « changement de front » de la bourgeoisie après la chute de Robespierre : après comme avant le 9 thermidor, l'ennemi essentiel demeure l'aristocratie qui ne désarme pas. La loi du 9 frimaire an VI (29 novembre 1797), inspirée par Sieyès, le prouve, qui réduisait les ci-devant nobles et anoblis à la condition d'étrangers. La Révolution française est « un bloc » : anti-féodale et bourgeoise à travers ses péripéties diverses.

Cet enracinement de la Révolution dans la réalité sociale française, cette continuité et cette unité, Tocqueville les a soulignés avec sa lucidité coutumière, comme il en a marqué la nécessité. « Ce que la Révolution a été moins que tout autre chose, c'est un événement fortuit. Elle a pris, il est vrai, le monde à l'improviste, et cependant elle n'était que le complément du plus long travail, la terminaison soudaine et violente d'une œuvre à laquelle dix générations d'hommes avaient travaillé. »

2. *Fluctuations économiques et démographiques.* — Par-delà cependant des structures sociales et des antagonismes fondamentaux qui rendent compte des causes profondes de la Révolution, il convient de préciser les divers facteurs qui expliquent une date. La Révolution était inéluctable, au témoignage de Tocqueville lui-même : mais pourquoi, selon son expression, cette explosion soudaine, ce brusque « effort convulsif et douloureux, sans transition, sans précaution, sans égards »[1] ?

La Révolution de 1789 naquit dans une atmosphère de crise économique. Jaurès, dans la large fresque de son *Histoire socialiste (1901-1904)*, avait recherché dans « les conditions économiques, la forme de la production et de la propriété », les raisons profondes de la Révolution. Mais son œuvre pèche peut-être par excès de simplification : la Révolution se déroule presque tout uniment ; sa cause réside dans la puissance économique et intellectuelle de la bourgeoisie parvenue à maturité, son résultat fut de consacrer cette puissance dans la loi. « Maintenant, écrit Jaurès, la propriété industrielle et mobilière, c'est-à-dire la propriété bourgeoise, est en pleine force : l'avènement de la démocratie bourgeoise est donc inévitable et la

1. Sur le problème en général, voir C. E. Labrousse, Comment naissent les révolutions, *Actes du Congrès historique du Centenaire de la Révolution de 1848* (Paris, 1948).

Révolution est une nécessité historique. » Cette explication ne rend compte ni de la date de la Révolution ni de son caractère violent dû à la résistance de l'aristocratie et à l'irruption des masses populaires sur la scène politique. La Révolution française n'aurait-elle été que la révolution de la prospérité bourgeoise ?

Le XVIIIe siècle a bien été un siècle de prospérité ; son apogée économique se situe à la fin des années soixante et au début des années soixante-dix : « La splendeur de Louis XV. » Après 1778, commença « le déclin de Louis XVI », période de contraction, puis de régression que vint couronner en 1787 une crise cyclique génératrice de misère et de troubles. Jaurès n'a sans doute pas nié l'importance de la faim dans le déclenchement de la Révolution, mais il ne lui reconnaissait qu'un rôle épisodique : la crise, en éprouvant douloureusement les masses populaires, les a mobilisées au service de la bourgeoisie, mais elle n'aurait été qu'un accident. Le mal était plus profond[1].

Les masses populaires des villes et des campagnes n'ont pas été mises en mouvement en 1789 par les menées séditieuses de la bourgeoisie : c'est la thèse du complot avancée par l'abbé Barruel dans ses *Mémoires pour servir à l'histoire du jacobinisme* parus à Hambourg en 1798, thèse reprise en un certain sens par Augustin Cochin dans son enquête sur *Les sociétés de pensée et la Révolution en Bretagne* (1925). Elles ne se sont pas non plus levées sous l'impulsion de leurs instincts sanguinaires, comme le voudrait Taine, dans les *Origines de la France contemporaine* (1875), œuvre de dénigrement et de colère. La faim les a soulevées : vérité d'évidence, soulignée avec force par Michelet (« Venez voir, je vous prie, ce peuple couché par terre, pauvre Job... La famine est un fait d'ordre civil : on a faim de par le roi »), à laquelle les travaux de C. E. Labrousse ont donné une large assise scientifique. La faim populaire apparaît comme

1. Sur cet aspect essentiel, voir l'œuvre de C.-E. Labrousse, *Esquisse du mouvement des prix et des revenus en France au XVIIIe siècle* (Paris, 1933, 2 vol.) ; *La crise de l'économie française à la fin de l'Ancien Régime et au début de la Révolution* (Paris, 1944).

la conséquence des caractères généraux d'une phase A de hausse et d'expansion (selon la terminologie de F. Simiand), mais associés aux mouvements cycliques et saisonniers, nuancés par la considération du salaire réel, expliqués enfin par les traits historiques de l'économie et de la démographie de l'époque.

Le mouvement des prix en France au XVIIIe siècle se caractérise par une hausse séculaire de 1733 à 1817, phase A qui succéda à la phase B de dépression qui du milieu du XVIIe siècle se prolongea jusque vers 1730. La poussée de hausse et de prospérité, lente jusque vers 1758, violente de 1758 à 1770, se stabilisa de 1778 à 1787, entraînant un malaise pré-révolutionnaire ; une nouvelle poussée déclencha le cycle révolutionnaire (1787-1791). L'indice 100 étant affecté au cycle 1726-1741, la moyenne de la hausse de longue durée est de 45 % pour le cycle 1771-1789 ; elle s'élève à 65 % pour les années 1785-1789. L'augmentation, très inégale suivant les produits, est plus importante pour les denrées alimentaires que pour les produits fabriqués, pour les céréales que pour la viande : traits caractéristiques d'une économie encore essentiellement agricole. Les céréales tenaient une énorme place dans le budget populaire, leur production augmentait peu, tandis que la population s'accroissait et que la concurrence des grains étrangers ne pouvait intervenir. Pour la période 1785-1789, la hausse des prix est de 66 % pour le froment, de 71 % pour le seigle, de 67 % pour la viande ; le bois à brûler bat tous les records : 91 %. Le cas du vin est particulier : 14 % ; la baisse du profit viticole fut d'autant plus grave que bien des vignerons ne produisaient pas de céréales et achetaient leur pain. Les variations cycliques (cycles 1726-1741, 1742-1757, 1758-1789) se superposant au mouvement de longue durée, le maximum cyclique de 1789 porta la hausse du froment à 127 %, celle du seigle à 136 %. Quant aux céréales, les variations saisonnières enfin, insensibles ou presque en période d'abondance, s'amplifiaient dans les mauvaises années ; de l'automne à la soudure, les prix augmentaient alors de 50 % à 100 % et plus. En 1789, le maximum saisonnier coïncida avec la première quinzaine de juillet : il porta l'augmentation du froment à 150 %, celle du seigle à 165 %. La journée du 14 juillet coïncida avec le point culminant de la hausse des prix au XVIIIe siècle.

Le coût de la vie populaire fut gravement affecté par la hausse des prix : les céréales augmentant plus que tout le reste, le peuple fut le plus durement frappé. A la veille de 1789, la part du pain dans le budget populaire se trouvait portée à 58 % par la hausse générale ; en 1789, elle atteignit 88 % ; il ne restait que 12 % du revenu pour les autres dépenses. La hausse des prix ménageait les catégories sociales aisées, elle accablait le peuple.

Le mouvement des salaires aggravait encore l'incidence de la hausse des prix sur le sort des masses populaires. Les séries locales constituées par C. E. Labrousse portent à 17 % la hausse des salaires entre la période de base 1726-1741 et celle de 1771-1789 ; mais dans la moitié des cas, elle n'atteint pas 11 %. Par rapport aux années 1785-1789, elle est de 22 % ; elle dépasse 26 % dans trois généralités. La hausse des salaires fut variable suivant les professions : pour le bâtiment, 18 % (1771-1789) et 24 % (1785-1789), mais seulement 12 % et 16 % pour le journalier agricole. La hausse de longue durée des salaires est donc très faible au regard de celle des prix. Or les variations cycliques et saisonnières des salaires augmentaient encore l'écart, attendu qu'elles étaient en sens inverse de celles des prix. Au XVIIIe siècle en effet, la cherté provoquait le chômage, la faiblesse de la récolte réduisant les besoins de la paysannerie. La crise agricole entraînait la crise industrielle, la part considérable du pain dans le budget populaire ayant alors pour conséquence la diminution des autres achats. En comparant la hausse du salaire *nominal* à celle du coût de la vie, on constate donc que le salaire *réel* a diminué : d'un quart entre 1726-1741 et 1785-1789 — de plus de moitié, si l'on tient compte des pointes cyclique et saisonnière des prix. Les conditions d'existence de l'époque exigeant que la réduction portât essentiellement sur les subsistances de première nécessité, la période de hausse du XVIIIe siècle entraîna une augmentation de la misère populaire. La faim mobilisa le peuple.

La croissance démographique multiplia les conséquences de la hausse des prix. Elle apparaît d'autant plus remarquable qu'elle succéda, autour de 1740, à une période de stagnation. Les dépressions démographiques profondes, qui caractérisèrent le XVIIe siècle et qui entraînèrent un déficit longtemps perceptible au flanc de la pyramide des âges, firent place à des crises plus légères et plus rapides. Les grandes disettes d'avant 1715 devinrent après 1740 des disettes larvées, les crises « mortelles » des crises « vénielles ». Les classes vraiment creuses disparurent, les effectifs se régularisèrent. La natalité conserva un niveau élevé, 40 ‰, une certaine tendance à la réduction des naissances se manifestant cependant, en particulier dans les milieux de l'aristocratie. La mortalité continua d'osciller d'une année à l'autre, mais elle demeurait habituellement inférieure à la natalité, s'abaissant à 33 ‰ en 1778. L'espérance de vie à la naissance s'élevait à environ 29 ans à la veille de la Révolution. L'essor démographique profita proportionnellement plus aux villes qu'aux campagnes : le XVIIIe siècle fut un siècle d'expansion urbaine. Si l'on range dans la catégorie « villes », les agglomérations de plus de 2 000 habitants, la population urbaine s'élevait à environ 16 % de l'ensemble. La natalité étant plus faible dans les villes, à mortalité plus forte, les célibataires plus nombreux, l'immigration des ruraux constituait le principal facteur de l'essor urbain. A la fin de l'Ancien Régime, la population française comptait environ 25 millions d'habitants. Du point de départ, 19 millions à la fin du XVIIe siècle, et compte tenu de l'accroissement territorial, l'augmentation était modeste : 6 millions, à peine plus d'un tiers. D'autres Etats avaient bénéficié d'un essor plus important, ainsi l'Angleterre. La France n'en était pas moins le pays le plus peuplé d'Europe. Surtout, pour modeste qu'ait été la croissance démographique et diverse selon les régions, elle n'en a pas moins eu d'importantes conséquences sociales. En augmentant la demande de produits agricoles, elle contribuait à la hausse des prix. La poussée urbaine stimulait l'industrie textile qui voyait s'ouvrir de nouveaux débouchés et qui, à son tour, attirait la main-d'œuvre des campagnes. Sur cette population accrue, et principalement dans les villes et dans les masses populaires, les crises des subsistances, néfastes encore dans la première moitié du siècle, n'eurent plus de graves répercussions démographiques, mais des conséquences sociales et économiques. La crise des subsistances déclenche, dans cette économie encore archaïque, un processus où s'enchaînent misère, sous-consommation, contraction du marché de la main-d'œuvre, sous-emploi, mendicité et vagabondage. La poussée démographique tend à rompre le fragile équilibre population-subsistances, multipliant ainsi les tensions sociales : par là, elle entre pour une part non essentielle, mais cependant importante, parmi les causes proches de la Révolution[1].

***

Les contradictions irréductibles de la société d'Ancien Régime avaient depuis longtemps porté la révolution à l'ordre du jour. Les fluctuations économiques et démographiques, génératrices de tension et qui, dans les conditions du temps, échappaient à toute action gouvernementale, créèrent une situation révolutionnaire. Contre un régime que sa classe

1. Sur les problèmes démographiques de la Révolution française, voir essentiellement les travaux de M. Reinhard, Etude de la population pendant la Révolution et l'Empire, dans *Bulletin d'Histoire économique et sociale de la Révolution française*, 1959-1960 (Gap, 1961) ; Premier supplément, *ibid.*, 1962 (Paris, 1963) ; *Contributions à l'histoire démographique de la Révolution française* (Paris, 1962, 1re série ; 1965, 2e série ; 1970, 3e série, sous la direction de M. Reinhard).

dirigeante était impuissante à défendre, se dressa l'immense majorité de la nation, confusément ou consciemment. On en vint ainsi au point de rupture. En 1788, la crise nationale se noua.

Les campagnes avaient déjà été touchées par la mévente du vin dont les prix tombèrent de moitié à la suite d'abondantes récoltes ; si la situation s'améliora après 1781, le profit viticole demeura limité par de maigres vendanges. La culture de la vigne étant alors largement répandue, le sort de nombreux paysans en fut affecté, pour qui le vin constituait le seul produit commerçable. En 1785, le bétail fut décimé par la sécheresse. Le marché rural, essentiel à la production industrielle, dès lors se contracta, le traité de commerce anglo-français de 1786 contribuant pour une part (que l'on ne doit pas exagérer) aux difficultés de l'industrie. La récolte de 1788 fut désastreuse : dès le mois d'août, la hausse s'affirma et se poursuivit sans arrêt jusqu'en juillet 1789. La catastrophe agricole ferma le débouché rural, le chômage se multiplia parmi une main-d'œuvre déjà pléthorique, le taux du salaire baissa. La chute de la production industrielle (et donc le chômage urbain) peut être estimée à 50 %, celle du taux du salaire de 15 à 20 %, alors que le coût de la vie montait dans la proportion de 100 à 200 %. La pénurie et la cherté mobilisèrent les masses rurales et citadines qui tout naturellement imputèrent la responsabilité de leurs maux aux classes dominantes et aux autorités gouvernementales. Décimateurs et seigneurs champarteurs, disposant de grandes quantités de grains, comme marchands blatiers, meuniers et boulangers soupçonnés de favoriser la hausse, tombaient sous l'accusation d'accaparement. Les achats du gouvernement donnaient crédit à la tenace légende du « pacte de famine » lancée contre Louis XV. Si les économistes réclamaient comme seul remède la liberté du commerce des grains, profitable surtout aux propriétaires et aux négociants, le peuple s'en tenait à la traditionnelle réglementation, renforcée au besoin par la réquisition et la taxation. La crise économique, si elle ne la créa pas, contribua à aggraver la crise de la monarchie : les difficultés financières donnèrent prise à l'opposition politique.

La crise financière remontait à la guerre d'Amérique, soutenue par Necker à coup d'emprunts, Calonne recourant au même procédé pour consolider l'arriéré. Le *Compte rendu* présenté au roi en mars 1788 évaluait les dépenses à 629 millions de livres, les recettes à 503 : soit un déficit de 20 %. Le service de la dette exigeait 318 millions, soit plus de la moitié des dépenses. La crise économique se répercutait sur la rentrée des impôts, augmentait les charges à raison des achats de grains à l'étranger ; elle atteignait le crédit public. Le pouvoir d'achat des masses ayant diminué, l'impôt, et surtout l'impôt indirect, ne pouvait rendre beaucoup. Restait l'égalité fiscale. Calonne se risqua à proposer une « subvention territoriale » qui pèserait sur tous les propriétaires fonciers sans exception. Réunie le 22 février 1787, l'Assemblée des Notables, aristocrates par définition, critiqua le projet et exigea communication des comptes du Trésor. Louis XVI renvoya Calonne le 8 avril.

La crise politique se greffa dès lors sur la crise financière : la révolte de l'aristocratie, malgré la volonté réformatrice de Loménie de Brienne appelé au ministère, malgré la tentative d'une réforme judiciaire, le 8 mai 1788, qui eût démembré la puissance des Parlements, réduisit la monarchie à l'impuissance. Le Trésor vide et aucun emprunt n'ayant chance d'être souscrit dans des circonstances aussi troubles, Brienne capitula : le 5 juillet 1788, décision confirmée par l'arrêt du Conseil du 8 août, il promit de réunir les Etats généraux dont l'ouverture fut fixée au 1er mai 1789.

La bourgeoisie, élément directeur du Tiers, prit dès lors le relais. Ses buts étaient révolutionnaires : détruire le privilège aristocratique, établir l'égalité civile dans une société sans ordres ni corps. Mais elle entendait s'en tenir à un strict légalisme. Elle fut bientôt poussée en avant dans l'action révolutionnaire par les masses populaires, véritable élément moteur, que leurs revendications propres et la crise économique persistant jusqu'au milieu 1790 contribuèrent longtemps encore à tenir en haleine.

III. — SPONTANÉITÉ ET ORGANISATION RÉVOLUTIONNAIRES

1. *L'espérance et la peur.* — La convocation des Etats généraux suscita dans le peuple une émotion profonde : dès lors, l'espérance et la peur marchèrent de pair, au rythme de la Révolution, laissant transparaître à travers les événements politiques, les motivations sociales qui en constituent le ressort essentiel. La mentalité révolutionnaire se précisa d'abord, cela va de soi, dans les consciences individuelles et dans les rangs de la bourgeoisie. Sans doute, la mentalité du Tiers était loin d'être uniforme : paysans, artisans et bourgeois souffraient différemment de l'Ancien Régime, la disette tendait à opposer pauvres et riches, consommateurs et producteurs. Mais les conditions générales de l'économie et de la société, comme les conditions politiques, dressaient l'ensemble du Tiers contre l'aristocratie et le pouvoir royal garant du privilège. Par le jeu de la propagande, sous l'influence des événements, plus encore sous le poids de représentations depuis longtemps ancrées dans la conscience collective et qui s'imposaient à l'individu, se cristallisa dès le printemps 1789 une mentalité révolutionnaire qui constitua un puissant facteur d'action[1].

L'espérance souleva les masses, souda un moment les éléments hétérogènes du Tiers, soutint longtemps encore l'énergie révolutionnaire des plus purs. La réunion des Etats généraux fut accueillie comme la « bonne nouvelle » annonciatrice de

1. Sur ces aspects, voir Georges Lefebvre, *La grande peur de 1789* (Paris, 1932 ; 2e éd. augmentée, s. d. [1956]) ; Foules révolutionnaires, dans *Annales historiques de la Révolution française* (1934), repris dans *Etudes sur la Révolution française* (Paris, 1954 ; 2e éd., 1963). Georges Lefebvre a donné un bel exemple d'analyse d'un fait de volonté punitive dans son article : Le meurtre du comte de Dampierre (22 juin 1791), dans *Revue historique* (1941), repris dans *Etudes sur la Révolution française*.

temps nouveaux. Un avenir meilleur s'ouvrait, répondant à l'attente millénaire des hommes. Cette espérance nourrit l'idéalisme révolutionnaire, elle enflamma les volontaires, elle illumina la mort tragique des « martyrs de prairial » comme des héros du procès de Vendôme. De la vieille paysanne rencontrée par Arthur Young gravissant la côte des Islettes en Argonne, le 12 juillet 1789, à Robespierre, à Babeuf au pied de l'échafaud, le fil de l'espoir ne se rompt pas. « On dit qu'à présent quelque chose va être fait par de grands personnages pour nous, pauvres gens, mais elle ne savait pas qui ni comment ; *mais que Dieu nous envoie quelque chose de meilleur*, car les droits et les charges nous écrasent. » Même espérance quasi religieuse chez Robespierre dans son « rapport sur les principes de morale politique qui doivent guider la Convention » (5 février 1794) : « Nous voulons, en un mot, remplir les vœux de la nature, accomplir les destins de l'humanité, tenir les promesses de la philosophie, absoudre la providence du long règne du crime et de la tyrannie... Et qu'en scellant notre ouvrage de notre sang, nous puissions voir au moins briller l'aurore de la félicité universelle. »

La peur accompagna l'espérance : les privilégiés consentiraient-ils à se laisser dépouiller ? Dans la mentalité paysanne, le seigneur ne pouvait être qu'égoïstement attaché à sa supériorité sociale et à son revenu (c'était tout un). Le bourgeois pensait de même du privilégié. Le comportement de l'aristocratie fortifia cette croyance ; son opposition au doublement du Tiers, sa résistance au vote par tête l'ancrèrent définitivement. Le roi était « bon », mais pervers son entourage aristocratique. L'inquiétude régna dès lors. « Les nobles monteront à cheval » ; ils feront appel aux troupes royales ; ils n'hésiteront pas à chercher secours chez l'étranger ; ils enrôleront mendiants et vagabonds que la disette et le chômage multipliaient sur les chemins : la peur des « brigands » doubla celle que les aristocrates inspiraient. La crise économique renforçait l'inquiétude, l'aristocrate étant le plus souvent seigneur champarteur ou décimateur. Les gens du peuple, bien incapables d'analyser la conjoncture économique, attribuaient la responsabilité de la disette, souvent qualifiée de « factice », à l'aristocratie et à sa volonté de nuire. Le soupçon prend corps, il devient légitime : la Cour et les aristocrates, dans les débuts de juillet 1789, préparent un coup de force pour dissoudre l'Assemblée. L'inquiétude tourne à la peur lorsque le « complot aristocratique » se précise : elle dura autant que la Révolution, nourrie par les complots réels, par les menées des émigrés, par l'invasion étrangère, par la contre-révolution permanente, s'apaisant par moments, s'amplifiant à l'annonce ou à l'approche du danger, après la fuite à Varennes ou dans l'été 1792, culminant dans les massacres et la Terreur.

La peur est sociale, mais son contenu se nuance selon les circonstances. Peur de l'aristocratie et de ce qu'elle signifie socialement. Taine, qu'on ne peut suspecter de bienveillance, a dressé un tableau saisissant de la peur et de la colère qui, à l'approche des envahisseurs, soulèvent les paysans, dans l'été 1792. « Ils savent, par leur expérience propre, la différence de leur condition récente et de leur condition présente. Ils n'ont qu'à se souvenir pour revoir en imagination l'énormité des taxes royales, ecclésiastiques et seigneuriales... ». Mais que la peur des « brigands » ait été en juillet 1789 associée à celle des aristocrates, souligne une autre orientation qui alla en s'affirmant jusqu'au coup d'Etat de brumaire : la crainte étreint les possédants devant la menace des classes dangereuses. Sans doute la crise économique, en multipliant les misérables, a généralisé une insécurité qui finalement a été mise au compte du *complot aristocratique*. Le sens social de cette peur des « brigands » n'en est pas moins net. Le paysan propriétaire craint qu'il ne soit porté atteinte à son bien, comme le bourgeois de Paris le redoute, lorsque le 12 juillet les troupes royales s'étant retirées derrière la Seine, à l'Ecole Militaire et au Champ-de-Mars, Paris fut comme abandonné à lui-même. La formation de la milice *bourgeoise* eut alors pour but la défense de la capitale, non seulement contre les excès du pouvoir royal et de ses troupes réglées, mais aussi contre les atteintes des catégories sociales jugées dangereuses. Monarchiens, Feuillants et Girondins partagèrent ces sentiments à des degrés divers : de là, leur volonté d'arrêter la Révolution par un compromis. La peur bourgeoise explique pour une part le 9 thermidor ; elle atteint son paroxysme au printemps 1795, lors des Journées de prairial ; elle rend compte de l'impuissance du Directoire luttant sur deux fronts ; elle alimenta la campagne révisionniste de 1799 : le coup d'Etat de brumaire rassura les notables.

La *réaction défensive* découle de la peur. Si cette dernière a parfois dégénéré en panique, elle a le plus souvent porté le peuple à s'armer pour sa sécurité. La nouvelle, le 12 juillet 1789, du renvoi de Necker suscita un sursaut de colère et des mesures de défense. Le peuple pilla les boutiques des armuriers ; la bourgeoisie prit la direction du mouvement et s'efforça de la régulariser par la création de la milice *bourgeoise*. C'est pour s'armer que le peuple se porta aux Invalides, le 14 juillet au matin, puis à la Bastille. Le roi eut beau capituler, accepter le 17, à l'Hôtel de Ville, la cocarde tricolore, la peur persista, avec son cortège de troubles et de violences. La Grande Peur, à la fin juillet 1789, mobilisa les paysans ; elle accéléra et généralisa l'armement populaire ; elle contraignit dans les moindres villages, les milices à se rassembler. L'ardeur guerrière de la Révolution se manifestait pour la première fois. Le sentiment de solidarité du Tiers en fut renforcé : « Es-tu du tiers état ? », mot de passe habituel en juillet 1789. Cette mobilisation générale préfigure les enrôlements de volontaires après la fuite à Varennes et au cours de l'été 1792. La réaction défensive suscitée par la peur rend compte encore de l'exigence populaire de la levée en masse en août 1793.

La *volonté punitive* ne fait qu'un avec la réaction défensive : il faut mettre hors d'état de nuire les ennemis du peuple, mais aussi les punir et en tirer vengeance. De là, les poursuites et les arrestations, la dévastation ou l'incendie des châteaux, les meurtres et les massacres, la Terreur enfin. Le 22 juillet 1789, Bertier de Sauvigny, intendant de Paris et de l'Ile-de-France, et son beau-père Foulon de Doué, arrêtés et amenés à l'Hôtel de Ville, furent enlevés par la foule et pendus à la lanterne la plus proche. La bourgeoisie révolutionnaire approuva : « Ce sang était-il donc si pur ? » demanda Barnave à l'Assemblée constituante. Tout au cours de la Révolution, la volonté punitive fut compagne de la peur. Le comte de Dampierre fut massacré au lendemain de Varennes. Les massacres de septembre 1792 couronnèrent la peur suscitée par l'invasion, ils furent contemporains des enrôlements de volontaires. Quand le péril national s'aggrava de nouveau en août 1793, il fut question de massacres dans les milieux sectionnaires parisiens : la Convention les prévint en mettant la Terreur à l'ordre du jour. La volonté punitive répondait à une conception confuse de la justice populaire. La bourgeoisie révolutionnaire, qui ne répugnait pas à la violence, s'efforça dès 1789 de canaliser la colère populaire et de régulariser la répression. Le 23 juillet, Barnave demanda « une justice légale pour les crimes d'Etat » ; le 28, Du Port obtint de l'Assemblée la création d'un *Comité des Recherches*, véritable prototype du Comité de Sûreté générale, tandis que la Commune de Paris, sur la proposition de Brissot, en instituait un autre qui préfigura les comités de surveillance révolutionnaire. En 1792, Danton fit créer le Tribunal extraordinaire du 17 août — en vain d'ailleurs. Les massacres populaires ne prirent fin que lorsque le Gouvernement révolutionnaire se fut renforcé et que la Convention eut légalisé la répression. La peur avec son cortège de violences ne s'effaça que lorsque le complot aristocratique et la contre-révolution furent enfin brisés.

2. *La pratique politique.* — La spontanéité révolutionnaire des masses citadines et rurales soulevées par la misère et le « complot aristocratique », a jeté bas l'Ancien Régime dès fin

juillet 1789, détruit son armature administrative, suspendu la perception de l'impôt, municipalisé le pays, débridé les autonomies locales. Le spectre d'un pouvoir populaire et de la démocratie directe se profile. A Paris, tandis que l'Assemblée des Electeurs aux Etats généraux, par l'intermédiaire de son Comité permanent, s'emparait du pouvoir municipal, les citoyens délibéraient et agissaient dans les soixante districts constitués pour les élections. Bientôt ils prétendirent contrôler la municipalité : la souveraineté ne réside-t-elle pas dans le peuple ? Tandis que s'effondraient les structures anciennes, par un mouvement de balance inhérent à toute révolution, surgissaient en même temps des institutions et une pratique politiques dont le sens et le but ne sauraient échapper : la bourgeoisie s'efforça, dès juillet 1789, de stabiliser l'action révolutionnaire, de contrôler et dériver à son profit l'élan spontané des masses.

Districts, puis sections constituèrent, dans les villes, le cadre institutionnel de base dans lequel la vie politique se déroula du printemps 1789 au Directoire, prenant un contenu social nouveau avec les progrès de la Révolution ou les tentatives contre-révolutionnaires. S'agissant de Paris, le règlement électoral du 13 avril 1789 avait divisé la capitale en soixante districts. Les élections terminées, ils continuèrent de se réunir et délibérèrent dans leurs assemblées générales permanentes. L'Assemblée constituante, ayant organisé les municipalités du royaume par le décret du 14 décembre 1789, ne pouvait laisser subsister pour Paris une organisation particulière qui favorisait les tendances à l'autonomie. Son décret des 21 mai-27 juin 1790 constitue la charte de la capitale, divisée en quarante-huit sections, à l'image de l'organisation municipale générale. Les sections, plus ou moins nombreuses suivant les villes, forment théoriquement des circonscriptions électorales. L'*Assemblée* est l'organe suprême de la section : c'est le *souverain debout*. Dans les *assemblées primaires*, les citoyens actifs (durant la période censitaire) se réunissent pour voter ; à la demande de cinquante d'entre eux, ils peuvent se réunir en *assemblée générale* pour délibérer. Les sections formaient encore les subdivisions administratives des communes urbaines : à ce titre, elles furent dotées d'organes d'exécution, comités et fonctionnaires élus par les citoyens actifs. A la tête de chaque section, un comité civil, intermédiaire entre la municipalité dont il doit faire exécuter les arrêtés, et l'assemblée générale dont il émane : position ambiguë qui le cantonne souvent dans une réserve prudente. Dans chaque section enfin, un juge de paix entouré d'assesseurs et un commissaire de police, également élus. Cette organisation apparaît comme une cote mal taillée entre la tendance générale à l'autonomie et les nécessités d'une administration municipale cohérente. Elle donna ses cadres, dès 1790, au mouvement révolutionnaire. Très vite elle tendit à se transformer, d'abord sous l'influence des aspirations à la démocratie directe qui caractérisaient même les bénéficiaires du régime censitaire, puis sous la poussée des forces populaires qui exigeaient leur part du pouvoir. Encore convient-il de préciser l'importance des éléments activistes. Dès les débuts de la Révolution, et sauf en période de paroxysme ou lors des grandes journées, la participation à la vie politique sectionnaire ne fut le fait que d'une minorité de militants : 4 à 19 %, suivant les sections, des citoyens actifs à Paris, au cours de la période censitaire. Mais dans les périodes de crise, cette minorité entraînait un large secteur des masses populaires.

Les clubs constituent, pour la mobilisation des masses, un élément déterminant, sans doute plus efficace que l'organisation sectionnaire qui leur fournit un cadre. Des grands clubs parisiens aux multiples sociétés populaires des quartiers de la capitale et des villes et bourgs des départements, le prototype demeure le Club des Jacobins issu (semble-t-il) du club des députés bretons, et qui après les journées d'octobre 1789 siégea à Paris, au couvent des Jacobins de la rue Saint-Honoré, sous le nom de *Société des Amis de la Constitution*. Plus que par la doctrine qui évolua au rythme de la Révolution, pour se cristalliser en 1793-1794, les Jacobins se caractérisèrent par une méthode et une organisation qui, canalisant et orientant l'énergie révolutionnaire des masses, multiplièrent son efficacité. Par l'*affiliation* et la *correspondance*, la *société mère* donnait l'impulsion aux clubs affiliés, vaste réseau de sociétés couvrant tout le pays et groupant les plus conscients des patriotes. Par ce double procédé, les Jacobins enserrent le corps politique dans leurs mailles ou le noyautent, coordonnant l'action de l'ensemble des clubs qui forment comme l'armature d'un parti. Le club central vote des motions, lance des pétitions, imprime tracts et affiches ; les sociétés affiliées répercutent aussitôt les mots d'ordre. Le club surveille les administrations, mande à sa barre les fonctionnaires, dénonce les contre-révolutionnaires, protège les patriotes. Selon Camille Desmoulins dans *Les Révolutions de France et de Brabant* du 14 février 1791, le Club des Jacobins « embrasse dans sa correspondance avec les sociétés affiliées tous les coins et recoins des 83 départements » ; il est à la fois le grand *inquisiteur* qui épouvante les aristocrates et le grand *réquisiteur* qui redresse tous les abus. Le club est la force vive du mouvement révolutionnaire.

La presse sous ses multiples formes — journaux et tracts, brochures et affiches — multipliait l'audience des tendances qui s'affrontaient, mais surtout celle des patriotes, en particulier par la lecture qu'on en donnait en public : soit le soir dans les sociétés populaires et les assemblées sectionnaires, soit dans les rues et sur les places publiques (en 1793, l'*enragé* Varlet menait sa propagande du haut d'une tribune roulante, mais bien avant lui un certain Collignon s'intitulait le *lecteur public des sans-culottes*), soit sur les chantiers, ainsi à Paris ceux du Panthéon. La presse populaire — *L'Ami du peuple*, de Marat dès septembre 1789, *Le Père Duchesne* d'Hébert à partir d'octobre 1790 — exerça ainsi une influence autrement considérable que ne le laisserait supposer son tirage. La presse, comme le club, répercutait les mots d'ordre révolutionnaires dans les départements et jusque dans les rangs de l'armée.

L'armée joua dès le printemps 1789 un rôle révolutionnaire à divers titres[1]. D'abord, dans la troupe, par le refus d'obéissance : on sait l'importance de la défection des Gardes françaises, casernées à Paris — fait acquis dès fin juin. L'homme de troupe a les réflexes du Tiers, il en partage les craintes et l'espérance, sensible (une partie de la troupe loge chez l'habitant) à la misère populaire qu'il partage. La décomposition de l'armée royale par la pénétration de l'idéologie révolutionnaire dans la troupe, par l'émigration d'une part notable du corps des officiers déjà suspects parce que nobles, constitua un facteur essentiel des progrès de la Révolution. Mais on ne peut oublier l'action révolutionnaire spontanée des soldats, qui revêtit de multiples modalités, de la présence active aux clubs à la dénonciation, de la rixe au massacre. Le rôle révolutionnaire de la Garde nationale, force nouvelle de la Révolution, est tout aussi sensible.

La Garde nationale fut essentiellement une institution civile possédant une organisation militaire. En ces jours de juillet 1789, l'assemblée générale des Electeurs parisiens hésita sur les mots : *milice* rappelait de fâcheux souvenirs, on lui préféra *garde* que précisa l'adjectif *bourgeoise*, vieille expression traditionnelle ; finalement le mot *national* fut proposé par La Fayette, le 16 juillet, et adopté. Mais tout autant qu'au pouvoir royal et aux mercenaires de l'armée de ligne, milice bourgeoise ou garde nationale répondait à la menace des classes réputées dangereuses, masse instable de travailleurs non domiciliés et de pauvres hères. Elle groupait tous ceux qui avaient pignon sur rue, situation stable, biens à protéger. Force régulière pour la sauvegarde des intérêts des possédants, elle imposait l'ordre bourgeois aux masses en effervescence. Organisée le 13 juillet, la milice parisienne commença ses patrouilles dès l'après-midi, désarmant « les gens sans aveu » et procurant « à la ville une

1. Cf. M. Reinhard, Observations sur le rôle révolutionnaire de l'armée dans la Révolution française, *Annales historiques de la Révolution française*, 1962, p. 169.

nuit tranquille qu'elle n'avait plus espérée d'après le nombre considérable de particuliers qui s'étaient armés ». L'Assemblée constituante fit du port d'armes un privilège bourgeois : les citoyens *actifs*, c'est-à-dire payant une contribution directe égale à la valeur de trois journées de travail, seuls en possession des droits politiques, firent seuls partie de la Garde nationale. En vain, Robespierre s'éleva dans son discours du 27 avril 1791 contre l'exclusion des citoyens *passifs*. Le décret du 29 septembre 1791, organisant définitivement la Garde nationale, lui assigna pour tâche « de rétablir l'ordre et de maintenir l'obéissance aux lois » : il s'agissait d'assurer le règne de la bourgeoisie victorieuse. Sans doute, la composition sociale de la Garde nationale fut-elle finalement plus diverse que les textes législatifs ne le laisseraient croire. Ce ne fut cependant qu'en juillet et août 1792 que l'institution se chargea d'un sens nouveau, lorsque ses rangs furent envahis par la masse des citoyens passifs.

La *fédération* multiplia l'efficacité d'une garde d'abord étroitement municipale : elle devint *nationale*. Le jeu des fédérations aboutit à la constitution d'une nation en armes, villes et campagnes confondues. La cocarde tricolore devint l'emblème national, après avoir été celui de la Garde parisienne, puis celui des Gardes nationales du royaume. La fédération a pour objet la *fraternisation* : elle unit tous les citoyens par « les liens indissolubles de la fraternité ». Habitants des villes et des campagnes fraternisèrent d'abord dans des fédérations locales, se promettant assistance mutuelle. Le 29 novembre 1789, les Gardes nationales du Dauphiné et du Vivarais se fédérèrent à Valence, les Bretons et les Angevins à Pontivy en février 1790 ; fédération à Lyon le 30 mai, à Strasbourg, à Lille en juin... Le mouvement illustrait le sens unitaire des patriotes et manifestait l'adhésion de la nation à l'ordre nouveau ; il constitua, en ce sens, face à l'aristocratie et à l'Ancien Régime, un procédé révolutionnaire d'une grande efficacité. L'unité nationale nouvelle trouva son expression solennelle à Paris, à la Fédération du 14 juillet 1790, ainsi que l'affirma Merlin de Douai à propos de l'affaire des princes allemands possessionnés en Alsace. Mais encore faut-il cerner, derrière l'enthousiasme populaire indéniable, la signification réelle de l'événement. Alors que prenait corps dans les mots la théorie de la nation-association volontaire, une réalité sociale différente s'affirmait dans les faits. Le rôle éminent de La Fayette au cours de la Fédération en souligna le sens : idole de la bourgeoisie, le « héros des deux mondes », Gilles César selon Mirabeau, entendait rallier l'aristocratie à la Révolution ; il fut l'homme du compromis ; la Garde nationale qu'il commandait était la garde bourgeoise d'où les *passifs* avaient été exclus. Le peuple était présent, mais moins acteur que spectateur. Si, dans l'acte de fédération, la garde représentait la force armée *nationale*, c'était par opposition à la troupe qui n'était que la force armée *royale*, et au sens bourgeois de l'ordre nouveau.

Garde nationale et fédérations, clubs et comités, districts ou sections : autant de formes institutionnelles qui n'ont de sens que par leur contenu social. La bourgeoisie révolutionnaire ne pouvait laisser à l'état brut les forces énormes que recelaient les profondeurs du peuple. Elle les tourna, autant qu'elle le put, dans le sens de ses intérêts, sous le faux-semblant de cette unanimité nationale dont Quatre-vingt-neuf demeure encore comme le symbole factice.

CHAPITRE PREMIER

QUATRE-VINGT-NEUF RÉVOLUTION OU COMPROMIS? (1789-1792)

Les Etats généraux s'ouvrirent le 5 mai 1789. Le lendemain, la noblesse et le clergé se réunirent dans les salles qui leur étaient affectées, afin de procéder à la vérification des pouvoirs et de se constituer séparément. Le conflit des ordres commençait : le Tiers réclama la vérification en commun, ce qui impliquait le vote par tête et non par ordre. Son habileté tactique, la division du clergé lui donnèrent la victoire. Le 17 juin, le Tiers prit le nom d'*Assemblée nationale* : ce qui impliquait l'affirmation de l'unité et de la souveraineté nationales, véritable révolution juridique sanctionnée par 491 voix contre 89. Un représentant sur six environ se refusait donc à franchir le pas : la dissociation de la bourgeoisie s'esquissait déjà. Le serment du Jeu de paume confirma, le 20 juin, la volonté réformatrice du Tiers. A l'opposé, le programme gouvernemental présenté à la séance royale du 23 juin mit en lumière l'enjeu du conflit et souligna par avance la portée de la Révolution : si le roi acceptait de devenir un monarque constitutionnel, s'il proposait l'abolition du privilège fiscal, il entendait conserver l'ordre social traditionnel, maintenant expressément « les dîmes, rentes et devoirs féodaux et seigneuriaux ». La fermeté collective du Tiers l'emporta une fois encore ; le 27 juin, le roi ordonna à la minorité du clergé et à la majorité de la noblesse de rejoindre l'Assemblée nationale qui, le 9 juillet 1789, se proclama *constituante.*

La révolution bourgeoise pacifique avorta cependant. Avait-elle quelque chance de succès ? Il existait au sein du Tiers Etat une minorité conservatrice ; elle s'était manifestée le 17 juin ; avec la masse du clergé portée à la conciliation et la fraction libérale de la noblesse, elle constituait un parti de la résistance enclin au compromis. Cette tendance se renforça dès la fin juin, inquiète de l'agitation populaire. Mounier bientôt l'incarna. Mais tout compromis achoppait à la féodalité : la bourgeoisie révolutionnaire et les masses populaires ne pouvaient tolérer son maintien, ni l'aristocratie envisager une suppression qui signifiait sa déchéance. L'appel au soldat pour ramener le Tiers à l'obéissance souligna, s'il en était besoin, le caractère aristocratique de l'Ancien Régime. Mais c'était compter sans les masses populaires.

La crise économique avait déjà multiplié les émeutes. Dès le 28 avril 1789, les établissements du salpêtrier Henriot et de Réveillon, fabricant de papiers peints, au faubourg Saint-Antoine, avaient été saccagés. Troubles sur les marchés, pillages des convois de grains, attaques des barrières d'octroi : les « émotions » populaires énervent la troupe et la maréchaussée tenues en haleine, elles enfièvrent l'atmosphère des villes. Le « complot aristocratique » achève la mobilisation des masses. A Paris, artisans, boutiquiers et compagnons, gardes françaises en rupture de caserne manifestent, bientôt troupes de choc de la bourgeoisie révolutionnaire. Le renvoi de Necker connu le dimanche 12 juillet, dans la matinée, déclencha la panique, mais plus encore une rapide réaction défensive. A la révolution parisienne du 14 juillet répondit en province, avec des modalités multiples, la révolution municipale : les municipalités anciennes disparurent en quelques semaines, le pays fut enserré dans un réseau de comités ardents à surveiller les suspects, prompts à déjouer les menées aristocratiques. Les passages de troupes regagnant leurs garnisons, la première émigration, les bruits d'une intervention étrangère incitaient à la vigilance, tout en généralisant la peur. La paysannerie entre alors en scène. Sans doute était-elle déjà debout en plusieurs régions : Bocage normand, Hainaut, Mâconnais, Franche-Comté, Haute-Alsace. Dans le climat d'insécurité et de misère générales, des incidents locaux donnèrent naissance à six courants de paniques en chaîne : Bretagne, Alsace et Lorraine, Bas-Languedoc..., mis à part, la Grande Peur secoua le pays du 20 juillet au 6 août 1789. La féodalité en fut définitivement ébranlée.

I. — L'« ABOLITION » DE LA FÉODALITÉ

Les fondements de l'ordre nouveau furent posés dès le lendemain de l'insurrection des campagnes sur la portée de laquelle l'Assemblée constituante ne pouvait avoir aucun doute : survenue en pleine récolte, elle mettait en question le prélèvement féodal et l'existence même des droits seigneuriaux et des dîmes.

La bourgeoisie leur était, en principe, hostile. Le système féodal faisait obstacle à la transformation capitaliste de l'agriculture et de l'économie dans son ensemble. Cette dernière exigeait la liberté de l'individu et de la main-d'œuvre, donc l'abolition du servage ; la liberté de la production, donc la suppression des banalités et des monopoles seigneuriaux ; la mobilité de la propriété, donc la disparition du droit d'aînesse, du retrait féodal et du droit de franc-fief ; l'unification du marché, donc la destruction des péages. Si quelques grands seigneurs libéraux acceptaient le rachat des droits et même l'abolition sans indemnité des plus oppressifs, la masse des petits seigneurs dont ils constituaient une bonne part des revenus, s'y opposait obstinément, non seulement par intérêt, mais par esprit de caste : vivant « noblement », ils se refusaient à une existence roturière où ils devraient faire valoir le capital du rachat et qui les aurait mis sur le même pied que les paysans.

Ce refus têtu porta sans doute la bourgeoisie, déjà aux prises avec la Cour, à des concessions aux paysans, mais pas au point cependant d'appuyer toutes leurs revendications : parmi les députés du Tiers, la plupart, légistes, considéraient les droits seigneuriaux comme une propriété individuelle légitime qu'on ne pouvait supprimer sans mettre en péril l'ordre bourgeois lui-même.

Le Tiers hésita : le 3 août 1789, la discussion s'instaura sur un projet d'arrêté du Comité des rapports, « qu'aucune raison ne peut légitimer les suspensions de paiement d'impôt et de toute autre redevance ». Le compromis vint de la noblesse libérale. Au début de la mémorable séance de la nuit du 4 août, le vicomte de Noailles propose que tous les droits féodaux soient rachetables en argent ou échangés « sur le prix d'une juste estimation ». Le duc d'Aiguillon précise après lui que « ces droits sont une propriété et toute propriété est sacrée » ; on ne pouvait demander aux *propriétaires de fief*, aux *seigneurs des terres*, « la renonciation pure et simple de leurs droits féodaux », sans leur accorder « une juste indemnité ». L'essentiel de leurs intérêts une fois sauvegardés, les députés pouvaient se laisser aller à l'enthousiasme. Tous les privilèges des individus et des ordres, des provinces et des villes furent abolis ; pour clôturer cette grandiose abjuration, sur les 2 heures du matin, Louis XVI fut proclamé le *restaurateur de la liberté française*.

L'abolition de la féodalité par l'Assemblée constituante était cependant plus apparente que réelle : les décrets des 5-11 août 1789, pris en application des décisions de principe de la nuit du 4, le décret du 15 mars 1790 démontrèrent combien l'unanimité de cette nuit d'enthousiasme calculé était équivoque, apparents les sacrifices consentis par l'aristocratie, inégaux les avantages qu'en retiraient paysans et bourgeois. La féodalité fut détruite dans sa forme institutionnelle et juridique, elle fut maintenue dans sa réalité économique.

« Toutes distinctions honorifiques, supériorité et puissance résultant du régime féodal sont abolies », et de même « la foi, hommage et tout autre service personnel auquel les vassaux, censitaires et tenanciers ont été assujettis jusqu'à présent » (art. 1 du décret du 15 mars 1790). La distinction entre terre noble et terre roturière disparaît, et de même le droit d'aînesse. Egalité des terres, égalité des personnes vont de pair. Mais si l'égalité fiscale (art. 9 du décret des 5-11 août) profite à tous, l'égalité civile joue en faveur de la bourgeoisie : l'abolition de la vénalité et de l'hérédité des charges (art. 7), l'admission de tous à tous les emplois civils et militaires (art. 11) lui ouvraient les portes de la fonction publique et de la magistrature auxquelles le peuple, faute de « talents », ne pouvait encore prétendre.

La féodalité économique subsista sous des modalités nouvelles. Ici intervient la distinction fondamentale affirmée dès le 4 août, reprise non sans réticence ni contradiction dans le décret des 5-11 août 1789. « L'Assemblée nationale détruit entièrement le régime féodal ; elle décrète que dans les droits et les devoirs tant féodaux que censuels, ceux qui tiennent à la mainmorte réelle ou personnelle et à la servitude personnelle, sont abolis sans indemnité » : il ne demeurait du servage que d'assez rares survivances. « Tous les autres droits sont déclarés rachetables » : ils seront donc perçus jusqu'au remboursement. Singulière restriction qui conservait à l'aristocratie l'essentiel de ses droits : les paysans étaient affranchis, mais ils devaient payer l'affranchissement de leur terre. Le décret du 15 mars 1790, rapporté par Merlin de Douai, reprit ces principes en les systématisant : il introduisit la distinction entre *féodalité dominante* et *féodalité contractante*. De la première, relevaient les droits présumés usurpés au détriment de la puissance publique ou concédés par elle, ou encore établis par la violence : droits honorifiques et droits de justice, droits de mainmorte et servage, corvées personnelles, banalités et péages, droits de chasse, de colombier et de garenne ; ils furent totalement abolis. Les droits de féodalité contractante, réputés la contrepartie d'une concession primitive du fonds, furent transformés en une propriété bourgeoise et donc rachetables : cens, rentes foncières et champarts

« de toute espèce et sous toute dénomination » (droits annuels), lods et ventes (droits casuels). Les dîmes donnèrent lieu à un débat acharné : elles furent finalement abolies sans rachat, exception faite pour les dîmes inféodées à des laïques, déclarées rachetables.

Le taux de rachat fut fixé par le décret du 3 mai 1790 : vingt fois la rente annuelle pour les droits en argent, vingt-cinq pour les droits en nature, pour les droits casuels à proportion de leur poids. Le rachat était strictement individuel ; le paysan devait encore acquitter les arrérages depuis trente ans. Le rachat profitait d'autre part aux seuls propriétaires qui en firent retomber la charge sur les tenanciers, métayers ou fermiers. Quant à la dîme, les propriétaires ici encore bénéficiaient seuls de sa suppression : le décret du 11 mars 1791 reporta le poids de la dîme sur le fermier ou le métayer, « à raison de l'indemnité due au propriétaire en compensation de la contribution substituée à la dîme dont les fermiers et métayers étaient ci-devant chargés ».

Le rachat des droits féodaux constitua la base économique du compromis avec l'aristocratie recherché, dès 1789, par une partie de la bourgeoisie. Sans doute l'abolition des « effets généraux du régime féodal » (titre I du décret du 15 mars 1790), la suppression de l'organisation féodale de la propriété foncière, la réforme administrative et judiciaire, entraînaient la destruction du pouvoir seigneurial et posaient les fondements de l'Etat national unifié. Mais, par suite du rachat, l'abolition de la féodalité se réalisait sous la forme d'un compromis éminemment favorable à l'aristocratie. La charge retombant en fin de compte essentiellement sur les fermiers et les métayers, les paysans libérés du régime seigneurial ne l'étaient pas tous dans les mêmes conditions économiques et sociales : la différenciation de la paysannerie, déjà avancée dès l'Ancien Régime, s'en trouva accélérée et la communauté rurale encore plus ébranlée. Pour la masse des petits paysans, fermiers et métayers, l'abolition de la féodalité, véritable opération blanche, fut, selon l'expression de Georges Lefebvre, « une amère déception ».

Pour l'affranchissement total de la terre, la révolution paysanne continua sous de multiples formes jusqu'en 1793, véritable guerre civile qui attend encore son historien. Elle rendit impossible tout compromis avec l'aristocratie féodale ; elle poussa en avant la révolution bourgeoise.

II. — LE LIBÉRALISME BOURGEOIS

Le compromis économique et social sur la féodalité donne la mesure exacte de l'œuvre de l'Assemblée constituante : si les principes furent proclamés avec solennité, ils n'en furent pas moins infléchis dans le sens des intérêts des possédants.

C'est à la liberté que la bourgeoisie tient le plus. Elle s'entend d'abord de la liberté économique, bien qu'il n'en soit fait nulle mention dans la Déclaration des droits de 1789 : sans doute parce que la liberté économique allait de soi aux yeux de la bourgeoisie, mais aussi parce que les masses populaires demeuraient profondément attachées à l'ancien système de production qui, par la réglementation et la taxation, garantissait, dans une certaine mesure, leurs conditions d'existence. Le *laisser faire, laisser passer* n'en constitua pas moins, dès 1789, le fondement des nouvelles institutions. La liberté de la propriété découla de l'abolition de la féodalité. La liberté de culture consacra le triomphe de l'individualisme agraire, bien que le Code rural du 27 septembre 1791 ait maintenu, non sans contradiction, la vaine pâture et le droit de parcours s'ils étaient fondés sur un titre ou la coutume. La liberté de production fut généralisée par la suppression des monopoles et des corporations : la loi d'Allarde du 2 mars 1791 supprima les corporations, jurandes et maîtrises, mais aussi les manufactures à privilège. La liberté du commerce intérieur s'accompagna de l'unification du marché national par l'abolition des douanes intérieures et des péages, par le *reculement des barrières* qui incorpora les *provinces d'étran-*

ger effectif, tandis que l'abolition du privilège des compagnies commerciales libérait le commerce extérieur. Liberté du travail enfin, indissolublement liée à la liberté d'entreprise : la loi Le Chapelier du 14 juin 1791 interdit, contrairement au droit d'association et de réunion, la coalition et la grève. L'individu libre l'est aussi de créer et de produire, de rechercher le profit et d'en user à sa guise. En fait, le libéralisme fondé sur l'abstraction d'un individualisme social égalitaire, profitait aux plus forts : la loi Le Chapelier constitua jusqu'en 1864 pour le droit de grève, jusqu'en 1884 pour le droit syndical, l'une des pièces maîtresses du capitalisme de la libre concurrence.

La liberté s'entend naturellement encore des libertés publiques et politiques. Elle est un droit naturel imprescriptible, selon l'article 2 de la Déclaration des droits, que limite seulement la liberté d'autrui (art. 4). Elle est d'abord celle de la personne, liberté individuelle garantie contre les accusations et les arrestations arbitraires (art. 7) et par la présomption d'innocence (art. 9). Maîtres de leurs personnes, les hommes peuvent parler et écrire, imprimer et publier librement, à condition que la manifestation des opinions ne trouble pas l'ordre établi par la loi et sauf à répondre de l'abus de cette liberté (art. 10 et 11). La liberté religieuse n'en reçut pas moins de singulières restrictions, les cultes dissidents n'étant que tolérés. Sur le plan politique, le libéralisme bourgeois s'incarna dans la Constitution dite de 1791, mais dont les principales dispositions furent votées dès la fin de 1789 : sur la base de la souveraineté nationale et de la séparation des pouvoirs (art. 3 et 6 de la Déclaration), elle organisa un système représentatif caractérisé en fait par la prédominance de l'Assemblée législative. La décentralisation administrative, la réforme judiciaire, la nouvelle organisation fiscale et jusqu'à la réorganisation de l'Eglise par la Constitution civile du clergé (12 juillet 1790), répondaient au même souci de libéralisme : dans le cadre d'une organisation territoriale cohérente et rationnelle, tous les administrateurs étaient élus, et même les évêques, au suffrage censitaire.

L'égalité fut étroitement associée, par la Déclaration des droits, à la liberté : elle avait été âprement réclamée par la bourgeoisie à l'encontre de l'aristocratie, par les paysans face à leurs seigneurs. Mais il ne peut s'agir que d'égalité civile. La loi est la même pour tous, tous les citoyens sont égaux à ses yeux ; dignités, places et emplois sont également accessibles à tous sans distinction de naissance (art. 6 de la Déclaration). Les distinctions sociales ne sont plus fondées que sur l'utilité commune (art. 1), les vertus et les talents (art. 6) ; l'impôt doit être réparti également entre tous les citoyens, en raison de leurs facultés (art. 13). L'égalité civile reçut cependant une singulière entorse par le maintien de l'esclavage aux colonies : son abolition eût lésé les intérêts des grands planteurs dont le groupe de pression était particulièrement influent à l'Assemblée. D'égalité sociale, il ne pouvait être question : la propriété est proclamée, à l'article 2 de la Déclaration, droit naturel et imprescriptible, sans souci de l'immense masse de ceux qui ne possèdent rien. L'égalité politique elle-même fut contredite par l'organisation censitaire du suffrage : les droits politiques, par la loi du 22 décembre 1789, furent réservés à une minorité de possédants, répartis en trois catégories hiérarchisées d'après la contribution, *citoyens actifs* groupés dans les assemblées *primaires*, *électeurs* qui formaient les assemblées *électorales* départementales, enfin *éligibles* à l'Assemblée législative. Les citoyens *passifs* étaient exclus du droit de suffrage, parce que n'atteignant pas au cens prescrit.

Le nouvel ordre social devait être singulièrement renforcé par deux réformes étroitement liées, mesures extrêmes auxquelles la bourgeoisie constituante fut portée comme malgré elle, par la nécessité de résoudre la crise financière. Le 2 novembre 1789, les biens du clergé furent mis « à la disposition de la nation » ; le 19 décembre, 400 millions en furent mis en vente, représentés par une somme égale d'*assignats*, bons à 5 % constituant une créance sur l'Etat et remboursables en biens du clergé. L'opération échoua. Le 27 août 1790, l'assignat devint billet de banque. La dépréciation de ce papier-monnaie, l'inflation et la vie chère relancèrent l'agitation sociale, tout en frappant durement la richesse acquise. Par la vente des biens nationaux favorisée par l'assignat, la Révolution s'achemina vers une nouvelle répartition de la richesse foncière qui accentua son caractère social. Pas plus que le rachat des droits féodaux, la vente des biens nationaux ne fut conçue en fonction de la masse de la paysannerie : elle renforça la prépondérance des possédants.

La Constitution civile du clergé, votée le 12 juillet 1790 et qui devait multiplier les difficultés de la Révolution, s'inscrit dans le cadre du libéralisme bourgeois ; elle découlait nécessairement de la réforme de l'Etat et de l'administration. Le clergé régulier déjà supprimé le 13 février 1790, la Constitution civile réorganisa le clergé séculier. Les circonscriptions administratives devenaient le cadre de la nouvelle organisation ecclésiastique : un évêché par département. Les évêques et les curés étaient élus comme les autres fonctionnaires : ceux-ci par l'assemblée électorale du district, ceux-là par celle du département. Les nouveaux élus seraient institués par leurs supérieurs ecclésiastiques, les évêques par leurs métropolitains et non plus par le pape. L'Eglise de France devenait une Eglise nationale. Ses liens avec la papauté étaient relâchés, les brefs pontificaux soumis à la censure gouvernementale, les annates supprimées. Si le pape conservait la primauté spirituelle sur l'Eglise de France, toute juridiction lui était enlevée. Or, la Constituante abandonna au pape le soin de « baptiser la Constitution civile », entendons de lui donner la consécration canonique. Le pape avait déjà condamné la Déclaration des droits de l'homme comme impie ; ses griefs étaient nombreux ; Avignon répudiait la souveraineté pontificale et réclamait son annexion à la France. Pie VI traîna en longueur. Lasse d'attendre, la Constituante, le 27 novembre 1790, exigea de tous les prêtres le serment de fidélité à la Constitution du royaume, donc à la Constitution civile qui s'y trouvait incorporée. Sept évêques seulement prêtèrent serment. Les curés se partagèrent en deux groupes à peu près égaux, mais très inégalement répartis : *assermentés* ou *constitutionnels* en majorité dans le Sud-Est, *réfractaires* ou *insermentés* dans l'Ouest. La condamnation de la Constitution civile par le pape consacra cet état de fait. Les brefs des 11 mars et 13 avril 1791 condamnèrent solennellement les principes de la Révolution et la Constitution civile : le schisme était consommé. Le pays fut dès lors coupé en deux. L'opposition réfractaire renforça l'agitation contre-révolutionnaire, le conflit religieux doubla le conflit politique.

Les contradictions qui marquèrent leur œuvre, rendent compte du réalisme des Constituants et qu'ils s'embarrassaient peu de principes lorsqu'il s'agissait de défendre leurs intérêts de classe. Les principes de Quatre-vingt-neuf n'en eurent pas moins un retentissement dont l'écho n'est pas près de s'éteindre. La Déclaration adoptée le 26 août précise l'essentiel des droits de l'homme et des droits de la nation, avec un souci de l'universel qui dépasse singulièrement le caractère empirique des libertés anglaises telles qu'elles avaient été proclamées au XVIIe siècle. Quant aux Déclarations américaines de la guerre d'Indépendance, elles s'étaient bien réclamées de l'universalisme du droit naturel, mais non sans certaines restrictions qui en limitaient fortement la portée. Les principes sur lesquels la bourgeoisie constituante a construit son œuvre se voulaient fondés sur la raison universelle. La Déclaration leur donna une expression retentissante. Désormais, les « réclamations des citoyens, fondées sur des principes simples et incontestables », ne pourraient que tourner « au maintien de la constitution et au bonheur de tous » : croyance optimiste dans la toute-puissance de la raison, bien conforme à l'esprit du siècle des Lumières, mais qui ne put résister à la pression des intérêts de classe.

III. — L'IMPOSSIBLE COMPROMIS

Sur la base du compromis économique et social que constituait le rachat des droits seigneuriaux et dans le cadre du libéralisme censitaire qui consacrait les droits de la propriété et la prépondérance de la richesse, la bourgeoisie constituante s'acharna longtemps à rechercher un compromis politique avec l'aristocratie. La résistance obstinée de la masse de la petite noblesse qui vivait pour une bonne part des redevances, la volonté têtue et agressive des paysans d'en finir avec toutes les survivances féodales eurent raison de la politique de compromis et de conciliation : la stabilisation fut impossible.

Le compromis politique qui, à l'image de la Révolution anglaise de 1688, eût installé au-dessus des masses populaires asservies, la domination de la haute bourgeoisie et de l'aristocratie, fut d'abord recherché en septembre 1789, par les *monarchiens* ou *anglomanes*, partisans d'une chambre haute, forteresse de l'aristocratie, et d'un *veto* royal absolu. Mounier crut possible d'obtenir en 1789, comme en 1788 à Vizille, l'assentiment des trois ordres à une révolution limitée. Cette *révolution des notables* échoua ; le 10 octobre 1789, Mounier quitta Versailles ; le 22 mai 1790, il émigrait. Soit incompréhension, soit ambition, La Fayette persista plus longtemps : sa politique tendit à concilier, dans le cadre d'une monarchie constitutionnelle à l'anglaise, l'aristocratie foncière et la bourgeoisie d'affaires. En 1790, La Fayette domine la vie politique, il triomphe à la Fédération du 14 juillet. Il se démasqua cependant en approuvant la répression menée par son cousin Bouillé, contre la garnison révoltée de Nancy en août 1790 : sa popularité s'écroula. Le Triumvirat prit bientôt la relève. Le contenu social et politique du compromis recherché — nul ne l'a mieux défini que Barnave dans son discours véhément du 15 juillet 1791 : « Allons-nous terminer la Révolution, allons-nous la recommencer ?... Un pas de plus serait un acte funeste et coupable. Un pas de plus dans la ligne de la liberté serait la destruction de la royauté, dans la ligne de l'égalité la destruction de la propriété. » D'accord avec La Fayette, les *triumvirs*, Barnave, Du Port, Lameth, entendaient réviser la Constitution, augmenter le cens, renforcer les pouvoirs du roi : cette politique exigeait le concours des aristocrates comme l'assentiment de Louis XVI. Le refus de l'aristocratie et du roi, l'appel à l'étranger, la guerre enfin ruinèrent une fois encore cette politique.

L'aristocratie n'en voulait pas, rendant ainsi finalement inévitable, pour briser sa résistance, le recours aux masses populaires. Son attachement obstiné au privilège, son exclusivisme outrancier, sa mentalité féodale imperméable aux principes bourgeois figèrent la majeure partie de la noblesse française dans un refus total. Quant à la monarchie, son attitude démontra, s'il en était besoin, qu'elle était bien l'instrument de suprématie d'une classe : l'appel au soldat auquel la Cour se décida dès les premiers jours de juillet 1789 parut signifier la fin de la Révolution. L'aristocratie, dans sa majorité, n'accepta ni les décrets des 5-11 août 1789, ni la Déclaration des droits : c'est-à-dire la destruction cependant partielle de la féodalité. « Je ne consentirai jamais, déclara Louis XVI, à dépouiller mon clergé et ma noblesse. » Les Journées populaires d'octobre lui imposèrent l'acceptation des décrets. En 1790, tandis que le roi utilisait La Fayette tout en le détestant, l'aristocratie s'obstina dans sa résistance. Les menées des émigrés, les intrigues des cours étrangères et les débuts de la contre-révolution entretenaient ses espérances, tandis que les révoltes agraires suscitées en bien des régions par l'obligation du rachat des droits féodaux durcissaient son refus. La fuite du roi, le 21 juin 1791, les rassemblements armés des émigrés sur le Rhin, et finalement la guerre, souhaitée et recherchée dès 1791, démontrèrent que l'aristocratie préférait, par intérêt de classe, trahir la nation plutôt que de céder.

La politique de conciliation entre l'aristocratie et la haute bourgeoisie était chimérique, tant que n'auraient pas été détruits irrémédiablement les derniers vestiges de la féodalité. Aussi longtemps que demeura un espoir de voir ses anciens droits restaurés par un retour à la monarchie absolue, l'aristocratie se refusa au triomphe de l'ordre bourgeois. Lorsque la féodalité apparut détruite à jamais (mais il y fallut Quatre-vingt-treize et la Terreur) et toute tentative de restauration sociale à jamais impossible (mais après quinze ans de dictature napoléonienne, l'échec des Ultras et les Trois Glorieuses de 1830), l'aristocratie accepta enfin le compromis politique qui, sous la Monarchie de Juillet, l'associa au pouvoir avec la grande bourgeoisie.

Les paysans se refusèrent, quant à eux, et avec non moins d'acharnement, au compromis du rachat[1]. L'Assemblée constituante, pleine d'illusions, attendait de cette loi une prompte et équitable disparition du régime féodal. La loi suscita chez les contemporains l'intérêt le plus vif, en même temps qu'elle soulevait discussions et opposition, ainsi qu'en témoignent non seulement les papiers du Comité féodal de la Constituante et du Comité de législation de la Convention, mais encore les archives des Directoires de département et de district, celles de l'Enregistrement et les actes des notaires. Malgré la proclamation du principe du rachat dès le 4 août 1789, les redevables ne purent commencer à envisager leur libération qu'à partir de la publication du décret du 3 mai 1790 qui organisait

1. L'important problème du rachat des droits féodaux et de leur abolition définitive a été abordé par Ph. Sagnac, *La législation civile de la Révolution française* (1898) ; dans une esquisse toujours valable, par A. Aulard, *La Révolution française et le régime féodal* (1919) ; par M. Garaud, *La Révolution et la propriété foncière* (1959). Mais seules les monographies locales ou régionales permettraient de dresser un véritable tableau d'ensemble de la survivance partielle, des vicissitudes et de la disparition finale du régime féodal pendant la Révolution : nous ne disposons que de deux ouvrages, A. Ferradou, *Le rachat des droits féodaux dans la Gironde (1790-1798)* (1928) ; J. Millot, *L'abolition des droits seigneuriaux dans le département du Doubs et la région comtoise* (1941). De même, sur les troubles agraires et les jacqueries qui, de la Grande Peur de 1789 à l'abolition définitive des droits féodaux (17 juillet 1793), marquèrent l'histoire révolutionnaire de la paysannerie, nous ne disposons que d'études locales fragmentaires. Cette histoire reste à écrire.

le rachat suivant les principes posés par la loi du 15 mars précédent : les premières offres régulières des redevables paraissent s'être produites en juin. Ces lenteurs exaspérèrent les mieux disposés. La mauvaise rédaction des décrets du 4 août qui débutaient par l'affirmation solennelle que « l'Assemblée constituante détruit entièrement le régime féodal », ajouta à la confusion : les paysans prirent la formule à la lettre, sans vouloir tenir compte des exceptions que les décrets eux-mêmes y apportaient, et considérèrent comme nulles les lois de 1790. On conçoit l'influence de cet état d'esprit sur la pratique du rachat. Surtout par une omission singulière, aucune mesure financière spéciale ne fut prévue, aucune institution de crédit qui eût permis aux redevables de se procurer l'argent indispensable à leur libération. Un grand nombre de paysans ne possédait pas les avances nécessaires : le rachat se révélait impossible, sinon pour les riches, la liberté promise illusoire. De la déception à la colère, le pas fut d'autant plus vite franchi que les seigneurs s'acharnèrent à percevoir non seulement les droits maintenus, mais l'arriéré des droits supprimés : la survivance de la féodalité, après son abolition de principe dans la nuit du 4 août, ne relève pas du domaine de l'imagination mythique.

Dans ces conditions, de 1789 à 1793, une véritable guerre civile mit aux prises paysanneries et aristocratie, avec plus ou moins d'intensité suivant les régions. Dans le département du Doubs, où l'on ne signale cependant qu'un seul incident violent après 1789, les banalités disparurent dès cette même année ; l'arriéré des prestations abolies sans indemnité cessa d'être acquitté ; à la fin de 1789, la plupart des communautés refusèrent les redevances estimées supprimées et soutinrent les paysans poursuivis ; le refus de la dîme fut courant en 1790 ; en 1791, une multitude de jugements condamnèrent les récalcitrants ; 1792 vit se généraliser une sourde effervescence. En bien d'autres régions, la révolte agraire ne cessa pas de 1789 à 1793, s'apaisant, puis reprenant en flambées vigoureuses lors des périodes de prélèvement féodal ou de cherté des grains. Troubles graves ou véritables jacqueries fin 1789 dans l'Aisne, le Bocage normand, en Anjou, France-Comté, Dauphiné, Vivarais, Roussillon. En janvier 1790, jacqueries dans le Quercy et le Périgord, ainsi qu'en Haute-Bretagne, de Ploërmel à Redon, en mai dans le Bourbonnais ; lors de la moisson, refus des dîmes et des champarts dans tout le Gâtinais. Le Quercy et le Périgord se soulevèrent à nouveau dans l'hiver 1791-1792 ; au printemps, le Gard, l'Ardèche et la Lozère, le Tarn et le Cantal furent touchés, l'Ariège à l'automne, tandis qu'une immense insurrection pour la taxation affectait, du printemps à l'automne, la Beauce et ses confins. Les métayers se levèrent, en juillet 1793, dans le Gers ; en juillet et août, la Seine-et-Marne fut encore agitée par des troubles à propos des champarts.

Sans doute les droits seigneuriaux et les dîmes n'étaient-ils pas toujours seuls en cause ; si l'excellente récolte de 1790 détendit la situation, les troubles sur les marchés et les entraves à la circulation des grains se multiplièrent à l'approche du printemps 1792 : la hantise de la disette exaspéra la résistance contre le prélèvement féodal et l'obligation du rachat. De plus en plus menacée, l'aristocratie durcit son refus, envenime les incidents. Tout autant que les mouvements populaires urbains, l'antagonisme des classes dans les campagnes poussait la Révolution en avant.

***

La fuite du roi à Varennes, le 21 juin 1791, démontra avec éclat la vanité de la politique de compromis. La bourgeoisie constituante eut beau déchaîner la *Terreur tricolore*, renforcer le caractère censitaire de la Constitution, la coupure s'aggrava encore comme l'illustrèrent les peurs et leurs cortèges de violences et d'incendies. Le comte de Dampierre était venu saluer le roi au retour de Varennes, alors que la lourde berline s'éloignait de Sainte-Menehould, ses paysans le massacrèrent. Le roi parut dès lors, aux yeux des masses, l'ennemi le plus redoutable : la fuite à Varennes avait « déchiré le voile ».

La guerre étrangère constitua pour l'aristocratie, un ultime recours. « Au lieu d'une guerre civile, ce sera une guerre étrangère, écrivait Louis XVI, le 14 décembre 1791, à son agent Breteuil, et les choses en seront bien meilleures. » Et ce même 14 décembre, Marie-Antoinette à son ami Fersen, à propos du parti qui, dans la nouvelle Assemblée, poussait à la guerre : « Les imbéciles ! ils ne voient pas que c'est nous servir. » Dans l'Assemblée législative qui se réunit le 1er octobre 1791, la guerre fut en effet voulue par la gauche sous l'impulsion d'hommes nouveaux que les contemporains, du nom de leur chef de file, dénommèrent *Brissotins* et que, depuis Lamartine, nous appelons *Girondins*.

Représentants de la grande bourgeoisie d'affaires, les Girondins entendent en finir avec la contre-révolution, en particulier pour rétablir le crédit de l'assignat nécessaire à la bonne marche des entreprises. La guerre, que l'aristocratie désire pour opérer par la défaite la contre-révolution intérieure, la bourgeoisie d'affaires n'y répugne pas : les fournitures aux armées n'ont-elles pas toujours été une source de profits considérables ? Guerre contre l'Angleterre ? Rien n'est moins sûr. Le fondement de la puissance de cette bourgeoisie d'affaires réside dans la prospérité des ports, Marseille, Nantes, surtout Bordeaux, centres vitaux du capitalisme de ce temps, essentiellement commercial. Ayant déclenché la guerre continentale dès avril 1792, les Girondins ne déclarèrent la guerre à l'Angleterre qu'en février 1793 : la guerre maritime compromettait le commerce des îles et la prospérité des villes maritimes. La guerre continentale répondait mieux aux calculs politiques de la bourgeoisie girondine. C'était, en s'attaquant à l'Ancien Régime européen, porter au paroxysme la lutte contre l'aristocratie, la démasquer, l'amener à merci. « Marquons d'avance une place aux traîtres et que cette place soit l'échafaud », s'écria Guadet, le 14 janvier 1792.

Mais la bourgeoisie girondine se révéla incapable de conduire par ses seules forces, cette guerre contre l'aristocratie : par égoïsme de classe, elle refusa le concours du peuple. Ainsi se vérifièrent les prévisions de Robespierre, dans ses grands discours aux Jacobins, qu'il fallait, avant de combattre l'aristocratie hors des frontières, la détruire à l'intérieur. Déjà la Gironde, sous prétexte que la guerre exigeait l'union, s'était, au début de 1792, portée garante de La Fayette et avait appuyé le ministre des Affaires étrangères, le comte de Narbonne : esquisse avant la lettre de ce régime des *notables* dont Mme de Staël, la maîtresse de Narbonne, fut justement l'un des théoriciens et qui conciliait les intérêts de l'aristocratie foncière ralliée et ceux de la bourgeoisie d'affaires. Les revers du printemps 1792, à travers lesquels la Gironde entrevit la nécessaire alliance avec les masses populaires pour assurer la victoire, révélèrent ses hésitations, sinon sa duplicité : elle consentait à faire appel au peuple, ainsi lors de la journée du 20 juin 1792, mais dans la mesure où il s'en tenait aux objectifs qu'elle lui avait assignés.

La crise nationale, se conjuguant avec la crise économique, multipliait cependant la poussée des masses : élan national et mouvement révolutionnaire sont inséparables, un conflit de classes sous-tend et exacerbe le patriotisme. Les aristocrates opposent le roi à la nation qu'ils bafouent, ceux de l'intérieur attendent l'envahisseur, les émigrés combattent dans les rangs ennemis. Pour les patriotes de Quatre-vingt-douze, il s'agit de sauvegarder et de promouvoir l'héritage de Quatre-vingt-neuf. Les citoyens passifs, sur les conseils des Girondins eux-mêmes, s'arment de piques, coiffent le bonnet rouge, multiplient les sociétés fraternelles. Vont-ils briser les cadres de la nation censitaire ?... « La patrie, écrit Roland à Louis XVI, dans sa lettre célèbre du 10 juin 1792, n'est point un mot que l'imagination se soit complu d'embellir ; c'est un être auquel on a fait des sacrifices... ; qu'on a créé par de grands efforts, qui s'élève au milieu des inquiétudes, et qu'on aime autant par ce qu'il coûte que par ce qu'on en espère. » La patrie ne se conçoit, pour les citoyens passifs, que dans l'égalité réelle des droits.

Or la crise nationale, en surexcitant le sentiment révolutionnaire, accentue les oppositions sociales au sein même de l'ancien Tiers Etat. Plus encore qu'en 1789, la bourgeoisie s'inquiète. Les riches sont taxés pour armer les volontaires ; l'inflation continuant ses ravages, les troubles des subsistances s'amplifient. Le meurtre de Simoneau, maire d'Etampes, le 3 mars 1792, a manifesté l'opposition irréductible entre les revendications populaires et les conceptions bourgeoises du commerce et de la propriété. Tandis qu'à Paris, en mai, Jacques Roux réclame déjà la peine de mort contre les accapareurs, à Lyon, le 9 juin 1792, Lange, officier municipal, présente ses « moyens simples et faciles de fixer l'abondance et le juste prix du pain ». Un spectre hante dès lors la bourgeoisie : la « loi agraire », entendons le partage des propriétés. Tandis que Pierre Dolivier, curé de Mauchamp, prend la défense des émeutiers d'Etampes, la Gironde fait décréter une cérémonie funèbre en l'honneur de Simoneau et que son écharpe de maire sera suspendue aux voûtes du Panthéon. Ainsi se précise le plan de clivage qui bientôt va séparer Girondins et Montagnards, et se pressentent les raisons profondes de ce que l'histoire a pudiquement nommé « la défaillance nationale » de la Gironde : représentants de la bourgeoisie, ardemment attachés à la liberté économique, les Girondins prirent peur de la vague populaire qu'ils avaient soulevée par leur politique de guerre ; leur sens national ne fut jamais assez fort pour faire taire en eux la solidarité de classe.

Au moment de franchir le pas, craignant de mettre en péril sinon la propriété, du moins la prépondérance de la richesse, la Gironde s'effraya de l'insurrection populaire qu'elle avait d'abord favorisée et qui le 10 août 1792 jeta bas, avec le trône et la Constitution de 1791, les cadres étroits de la nation censitaire. Le 10 août s'est fait sinon malgré la Gironde, du moins sans elle : cette abstention lui fut fatale.

Tout autant que nationale, par la présence des Fédérés marseillais et bretons, l'insurrection du 10 août 1792 fut sociale. Les barrières qui divisaient la nation tombèrent. Les citoyens passifs entrèrent en masse, dès juillet, dans les assemblées de section et les bataillons de la Garde nationale. Le 30 juillet, l'Assemblée législative avait consacré un état de fait en décrétant l'admission des passifs dans la Garde nationale. « Pendant le danger de la patrie, selon la section parisienne de la Butte-des-Moulins, le souverain (entendons : le peuple au sens de Rousseau) doit être à son poste : à la tête de ses armées, à la tête de ses affaires, il doit être partout. » Par le suffrage universel et l'armement des citoyens passifs, cette « seconde révolution » intégra le peuple dans la nation et marqua l'avènement de la démocratie. Après de vaines tentatives, les anciens partisans du compromis s'éliminèrent d'eux-mêmes. Dietriech tentait de soulever Strasbourg, puis s'enfuyait ; La Fayette, abandonné par ses troupes, passait aux Autrichiens, le 19 août 1792. Mais plus encore, l'entrée en scène de la sans-culotterie dressa une fraction de la bourgeoisie : déjà les résistances s'affirmaient contre la république démocratique et populaire qu'annonçait la « seconde révolution » du 10 août. « Une classe particulière de citoyens, avait déclaré la section parisienne du Théâtre français, le 30 juillet 1792, n'a pas la faculté de s'arroger le droit exclusif de sauver la patrie. »

CHAPITRE II

QUATRE-VINGT-TREIZE RÉPUBLIQUE BOURGEOISE OU DÉMOCRATIE POPULAIRE ? (1792-1795)

Dans le conflit qui est dès lors celui de la France révolutionnaire et de l'aristocratie européenne, une partie de la bourgeoisie se rendit compte qu'elle ne pouvait vaincre sans le peuple : les Montagnards s'allièrent avec les Sans-Culottes. Mais cette intrusion populaire sur la scène politique parut une menace suprême pour les intérêts de la grande bourgeoisie qui, par la bouche de Brissot, dénonça « l'hydre de l'anarchie ». « Vos propriétés sont menacées », proclama Pétion, en fin avril 1793, battant le rappel des possédants. « L'égalité n'est qu'un vain fantôme, répliqua l'*enragé* Jacques Roux, le 25 juin 1793, quand le riche par le monopole exerce le droit de vie et de mort sur son semblable. » Ainsi s'ouvre au printemps 1793 le drame où sombra finalement, devant les exigences de la révolution bourgeoise, la République populaire que voulaient confusément les Sans-Culottes. Ainsi se marque par avance l'antagonisme irréductible entre les aspirations d'un groupe social et l'état objectif des nécessités historiques.

I. — LE DESPOTISME DE LA LIBERTÉ

1. *Girondins et Montagnards (1792-1793).* — La rivalité de la Gironde et de la Montagne, malgré leur commune appartenance bourgeoise, revêt, par suite des options politiques, un indéniable caractère de classe. Porte-parole de la bourgeoisie d'affaires, la Gironde entend défendre la propriété et la liberté économique contre les limitations que réclamaient les Sans-Culottes : réglementation, taxation, réquisition, cours forcé de l'assignat. Pleins du sentiment des hiérarchies sociales, les Girondins éprouvaient devant le peuple un recul instinctif ; ils réservaient le monopole gouvernemental à leur classe. Stigmatisant les Jacobins et les Montagnards dans un *Appel à tous les Républicains de France*, « les désorganisateurs, écrivait Brissot en octobre 1792, sont ceux qui veulent tout niveler, les propriétés, l'aisance, le prix des denrées, les divers services à rendre à la société ». Robespierre avait répondu par avance dans le premier numéro des *Lettres à ses commettants*, le 30 septembre 1792, dénonçant les faux patriotes « qui ne veulent constituer la République que pour eux-mêmes, qui n'entendent gouverner que dans l'intérêt des riches ». Les Montagnards, les Jacobins surtout, s'efforcèrent de donner à la réalité nationale un contenu positif capable de rallier les masses populaires. Saint-Just, dans son discours sur les subsistances, le 29 novembre 1792, souligna la nécessité « de tirer le peuple d'un état d'incertitude et de misère qui le corrompt » ; « vous pouvez en un moment donner au peuple français une patrie » : en arrêtant les ravages de l'inflation, en assurant au peuple sa subsistance, en liant « étroitement son bonheur et sa liberté ». Robespierre fut plus net encore, le 2 décembre 1792, dans son discours sur les troubles frumentaires d'Eure-et-Loir : « Le premier des droits est celui d'exister. La première loi sociale est donc celle qui garantit à tous les membres de la société les moyens d'exister ; toutes les autres sont subor-

données à celle-là. » Les nécessités de la guerre et leur sens national portèrent les Montagnards vers les Sans-Culottes : la situation de la République exigeait des mesures extraordinaires qui ne se concevaient qu'avec l'appui populaire ; encore s'agissait-il de le gagner par une nouvelle orientation sociale.

Le procès et la mort du roi rendirent inexpiable le conflit entre la Gironde et la Montagne, en précisant les contours de la nouvelle réalité politique. Saint-Just, le premier, avait posé le problème du jugement de Louis XVI, sous l'angle national : « Nous voulons la République, l'indépendance, l'unité... Louis XVI doit être jugé comme un ennemi étranger » (13 novembre 1792). L'exécution du roi, le 21 janvier 1793, en portant un coup décisif au sentiment monarchique, acheva de libérer l'idée de nation de sa forme royale. Elle rendit tout compromis impossible entre les régicides et les « appelants », partisans, pour sauver Louis XVI, de l'appel au peuple proposé par Vergniaud. En s'acharnant à sauver le roi, les Girondins entendaient circonscrire le conflit avec l'Europe. Ils penchaient ainsi, consciemment ou non, vers le compromis avec l'aristocratie : attitude inconséquente de la part d'hommes qui, en novembre 1792, avaient prêché la guerre de propagande. A la nation, identifiée à la République et fondée sur la solidarité renforcée de la bourgeoisie montagnarde et du peuple sans-culotte, l'exécution du roi ne laissa d'autre issue que la victoire.

Les défaites de mars 1793, l'insurrection de la Vendée et le péril qui en résulta scellèrent le destin de la Gironde. Elle se refusa jusqu'au bout à toute concession. Vergniaud proclamait encore, le 13 mars 1793 : « L'égalité pour l'homme social n'est que celle des droits » ; c'était maintenir la primauté de la propriété et de la richesse. Les journées des 31 mai - 2 juin 1793, par lesquelles les sections parisiennes éliminèrent les Girondins de la Convention, présentent un double aspect national et social. Jaurès a nié leur caractère de classe : les Girondins auraient été perdus « tout simplement [par leur] esprit de parti rétréci en esprit de faction et de coterie ». Certes, si l'on se borne à considérer l'aspect parlementaire de ces journées ; mais le rôle de la sans-culotterie parisienne et l'élimination de la haute bourgeoisie soulignent leur contenu social. Sursaut révolutionnaire, ces journées constituent encore un réflexe national, une réaction défensive et punitive contre une manifestation nouvelle du complot aristocratique. Le développement du *mouvement sectionnaire* dans les départements avait par avance éclairé cet aspect : sous le masque de l'opposition girondine, à Bordeaux, à Marseille, plus encore à Lyon, la contre-révolution aristocratique reprenait l'offensive. Extension de la guerre civile dont le mouvement sectionnaire avait pris l'initiative dès mai 1793, le *fédéralisme* présente le même double aspect. Son contenu social est encore plus marqué que sa tendance politique. La persistance des particularismes régionaux l'explique en partie, mais plus encore la solidarité des intérêts de classe : l'insurrection fédéraliste groupa les partisans de l'Ancien Régime, les Feuillants toujours attachés au système censitaire, la bourgeoisie inquiète pour la propriété et la liberté du profit. Par attachement aux principes de Quatre-vingt-neuf et par souci de l'indépendance nationale, les Girondins se refusèrent à l'alliance vendéenne et à l'appel à l'étranger : mais par leur méfiance des masses populaires, par leur répugnance à les intégrer dans une nation élargie, ils n'en avaient pas moins fait le jeu de l'aristocratie et de la coalition.

2. *Montagnards, Jacobins et Sans-Culottes (1793-1794)*. — La Gironde à peine éliminée, la Convention menée maintenant par les Montagnards se vit entre deux feux. Tandis que la contre-révolution recevait une impulsion nouvelle de la révolte fédéraliste, le mouvement populaire exaspéré par la cherté et la disette accentuait sa pression. L'organisation gouvernementale se révélait cependant inapte à dominer la situation : Danton, au Comité de salut public, négociait au lieu de combattre. Tandis que la Montagne hésitait, déjà pri-

sonnière de ses contradictions, les masses populaires poussées en avant par leurs besoins et leurs haines imposaient les grandes mesures de salut public, dont la première fut, le 23 août 1793, la levée en masse. Un gouvernement révolutionnaire n'en parut que plus indispensable pour discipliner la poussée populaire et maintenir l'alliance avec la bourgeoisie qui seule pouvait fournir les cadres nécessaires. Sur cette double base sociale, sans-culotterie et bourgeoisie montagnarde et jacobine, le Gouvernement révolutionnaire s'organisa pièce à pièce de juillet à décembre 1793 : ses dirigeants les plus clairvoyants entendaient sauvegarder à tout prix l'unité révolutionnaire de l'ancien Tiers Etat, c'est-à-dire l'unité nationale.

Deux séries de problèmes se posèrent dès lors, au cours de l'an II. Un problème politique : comment concilier le comportement propre aux Sains-Culottes avec les exigences de la dictature révolutionnaire et les nécessités de la défense nationale ? Autrement dit comment résoudre le problème des rapports de la démocratie populaire et du gouvernement révolutionnaire. Un problème d'ordre social : comment concilier les aspirations et les revendications économiques des Sans-Culottes avec les exigences de la bourgeoisie qui demeure l'élément dirigeant de la Révolution ? Autrement dit comment résoudre le problème des rapports de masses populaires et des classes possédantes. Mais était-il au pouvoir des hommes de gouvernement de surmonter les contradictions inhérentes à cette coalition ? Le péril national les fit taire un moment. Il était à prévoir que, la victoire s'affirmant, elles reparaîtraient au grand jour.

La poussée populaire se maintint fortement jusqu'à l'automne 1793. Elle arracha à la Convention qui y répugnait et à ses Comités réticents, les grandes mesures révolutionnaires : le 5 septembre, la Terreur est mise *à l'ordre du jour* ; le 11, le *maximum* national des grains adopté ; la loi des suspects votée le 17 ; le 29 septembre enfin, le *maximum général* institué, c'est-à-dire l'économie dirigée. Victoire populaire, mais aussi succès gouvernemental : la légalité a été sauvegardée, la terreur légale l'emporte sur l'action directe. Le Comité de salut public a résisté, il a su céder à temps et sur un terrain choisi par lui : son autorité en sort grandie. L'opposition populaire extrême fut liquidée en la personne des Enragés, le silence imposé à l'opposition dans la Convention lors du grand débat du 25 septembre, la déchristianisation arrêtée le 6 décembre par le rappel solennel de la liberté des cultes, tandis que s'affirmait la victoire républicaine à Wattignies sur les Autrichiens (16 octobre), au Mans sur les Vendéens (13-14 décembre). Le 10 octobre 1793, sur le rapport de Saint-Just, la Convention avait déclaré le gouvernement de la France, *révolutionnaire jusqu'à la paix* ; le 14 frimaire an II (4 décembre 1793), elle adopta le décret constitutif du Gouvernement révolutionnaire. La logique des événements aboutissait à reconstituer la centralisation, à rétablir la stabilité administrative, à renforcer l'autorité gouvernementale, conditions nécessaires de cette victoire obstinément poursuivie par le Comité de salut public. Mais c'en était fini de la liberté d'action du mouvement populaire.

Subordonnant tout aux exigences de la défense nationale, le Comité de salut public n'entendait céder ni aux revendications des masses aux dépens de l'unité révolutionnaire, ni aux réclamations de la bourgeoisie modérée aux dépens de l'économie dirigée nécessaire pour soutenir la guerre ou aux dépens de la Terreur qui lui assurait l'obéissance de tous. Mais entre ces exigences contradictoires, où trouver exactement un point d'équilibre ?

La liquidation des Enragés, le coup d'arrêt à la déchristianisation, les attaques sourdes contre les organisations populaires, les sociétés sectionnaires en particulier, marquèrent à l'automne 1793, la volonté du Comité de salut public de prendre ses distances par rapport au mouvement populaire qu'il avait jusque-là suivi plutôt que dirigé. Mais il se mettait par là même à la discrétion de la Convention et favorisait l'offensive de ses adversaires dans l'Assemblée et dans l'opinion.

Danton avait soutenu Robespierre contre les déchristianisateurs, non sans arrière-pensée : il s'agissait de détendre les ressorts du Gouvernement révolutionnaire. La politique « indulgente » de Danton s'opposait sur tous les points au programme populaire soutenu par Hébert et ses amis Cordeliers : terreur extrême, maximum renforcé, guerre à outrance. L'attaque gouvernementale contre la déchristianisation, l'atténuation de la Terreur dans les départements dès janvier 1794 : autant d'indices que le Comité de salut public, sans proscrire les extrémistes, comme les *indulgents* le réclamaient, entendait du moins les réduire de plus en plus. Son travail de sape contre la démocratie sectionnaire s'inscrit dans cette ligne ; ainsi aurait-il modéré la Terreur, tout en la conservant comme moyen de gouvernement. L'attitude gouvernementale favorisa l'offensive dantoniste contre le système terroriste.

La lutte des factions se déchaîna au moment même où la crise des subsistances, à la fin de l'hiver 1793-1794, brusquement s'aggravait ; la situation à Paris empira ; une explosion populaire parut probable. La crise politique se conjuguant avec le malaise social fit éclater les contradictions du système : les conséquences devaient en être irrémédiables pour le mouvement populaire, pour le Gouvernement révolutionnaire, finalement pour la Révolution elle-même.

II. — GRANDEUR ET CONTRADICTIONS DE LA RÉPUBLIQUE DE L'AN II

1. *Tendances sociales et pratique politique du mouvement populaire*[1]. — De juin 1793 à l'hiver, le mouvement de la sans-culotterie parisienne avait permis la consolidation du Gouvernement révolutionnaire et la stabilisation de la dictature

1. Voir Albert Soboul, *Les sans-culottes parisiens en l'an II. Mouvement populaire et gouvernement révolutionnaire, 2 juin 1793-9 thermidor an II* (Paris, 1958).

jacobine de salut public, en même temps qu'il imposait à une Convention rétive des mesures propres à améliorer le sort des masses.

Si l'on se réfère à la composition du personnel politique des sections parisiennes en l'an II comme au rôle du faubourg Saint-Antoine dans le mouvement de la Révolution, on constate que l'avant-garde révolutionnaire n'était pas constituée par un prolétariat de fabrique, mais par une coalition de petits patrons et de compagnons travaillant et vivant avec eux. De là, certains traits du mouvement populaire, un certain comportement, comme aussi certaines contradictions résultant d'une situation ambiguë. Le monde du travail est marqué dans son ensemble par la mentalité de la petite bourgeoisie artisanale et, comme elle, il participe de la mentalité de la bourgeoisie. Ni par la pensée, ni par l'action, les travailleurs ne constituaient un élément indépendant. Ils n'établissaient pas un rapport direct entre la valeur du travail et le taux du salaire ; le salaire se déterminait par rapport au prix des subsistances : la fonction sociale du travail n'était pas clairement conçue. Les Sans-Culottes de l'an II n'ont pas mis au centre de leurs préoccupations sociales les problèmes de la production et du travail ; ils ont été beaucoup plus sensibles à leurs intérêts de consommateurs. S'ils exigèrent la taxe des denrées, la revendication du *tarif* demeura exceptionnelle. La taxation fut réclamée avec d'autant plus d'acharnement par les militants parisiens, qu'ils subissaient dans leurs sections respectives la pression, non seulement des travailleurs, mais encore d'une masse importante d'indigents tenaillés par la faim : au début du printemps 1794, environ un indigent secouru pour neuf habitants de Paris, mais un pour trois au faubourg Saint-Antoine. Et combien de pauvres honteux ? La faim constitue le ciment de catégories aussi diverses que l'artisan, le boutiquier, le compagnon, le gagne-denier qu'un intérêt commun coalise contre le gros marchand, l'entrepreneur, l'accapareur noble ou bourgeois. Le terme de *sans-culotterie* peut paraître vague, en regard du vocabulaire sociologique actuel : par rapport aux conditions sociales du temps, il répond à une réalité précise. Sans doute, d'autres mobiles ne sont pas à exclure du comportement populaire : la haine de la noblesse, la croyance au complot aristocratique, la volonté de détruire le privilège et d'établir l'égalité réelle des droits. Ils se réduisent finalement à l'exigence du pain quotidien, à laquelle se lia confusément, chez beaucoup, la revendication politique. « Sous le règne de Robespierre, selon le menuisier parisien Richer, le 1er prairial an III (20 mai 1795), le sang coulait et qu'on ne manquait pas de pain. » Le comportement terroriste est indissolublement lié à la revendication sociale.

Les aspirations sociales populaires se précisèrent au travers des luttes revendicatives. En 1793, le maximum des grains fut réclamé pour mettre le prix du pain en harmonie avec les salaires, c'est-à-dire pour permettre aux Sans-Culottes de vivre : le droit à l'existence fut invoqué comme un argument à l'appui. La revendication sociale précéda et suscita la justification théorique qui, en retour, renforça la lutte. On ne saurait chercher ici un système cohérent. L'égalitarisme constitue le trait essentiel : les conditions d'existence doivent être les mêmes pour tous. Au droit total de propriété générateur d'inégalité, les Sans-Culottes opposent le principe de l'*égalité de jouissances*. De là, ils en viennent tout naturellement à la critique du libre exercice du droit de propriété. Ce droit lui-même n'est jamais en question : mais petits producteurs indépendants, les sans-culottes le fondent sur le travail personnel. C'est aux riches et aux gros qu'ils s'en prennent. Le 2 septembre 1793, au paroxysme de la poussée populaire, la section des Sans-Culottes, ci-devant du Jardin des Plantes, demande à la Convention non seulement de fixer « les profits de l'industrie et les bénéfices du commerce » par la taxation générale, mais encore d'imposer un *maximum* aux fortunes et « que le même individu ne puisse posséder qu'un *maximum* ». Quel serait-il ? Il correspondrait à la petite propriété artisanale et boutiquière : « Que nul ne puisse avoir qu'un atelier, qu'une boutique. » Ces mesures radicales « feraient disparaître peu à peu la trop grande inégalité des fortunes et croître le nombre des propriétaires ». A aucun autre moment de la Révolution, on ne trouve une formulation aussi nette de l'idéal social populaire : idéal à la mesure des artisans et des boutiquiers qui formaient les cadres de la Sans-Culotterie. Idéal encore à la mesure de la masse des consommateurs et des petits producteurs urbains, hostiles à la fois à tous les vendeurs directs ou indirects de subsistances et à tous les entrepreneurs dont les initiatives capitalistes risquaient de les réduire au rang de travailleurs salariés dépendants. Idéal enfin qui, dans sa volonté de limiter les conséquences de la propriété privée tout en la maintenant, s'opposait foncièrement à celui de la bourgeoisie qui conduisait la Révolution.

Les tendances politiques de la Sans-Culotterie n'allaient pas moins à l'encontre des conceptions bourgeoises. La souveraineté réside dans le peuple : de ce principe dérive tout le comportement politique des militants populaires, s'agissant là pour eux, non d'une abstraction, mais de la réalité concrète du peuple réuni dans ses assemblées de section et exerçant la totalité de ses droits ; les plus conscients tendaient au gouvernement direct. En matière législative, ils revendiquaient et pratiquaient à l'occasion la sanction des lois par le peuple. Se défiant du système représentatif, ils réclamaient le contrôle et la révocabilité des élus. Souverain législateur, le peuple est aussi souverain juge : lors des massacres de septembre 1792, des tribunaux populaires furent organisés. La puissance des armes constituait enfin un attribut essentiel de la souveraineté : le peuple ne peut qu'être armé ; en l'an III, le désarmement des militants sectionnaires symbolisa leur déchéance politique. Le peuple en armes et reprenant l'exercice de ses droits par l'*insurrection* : application extrême du principe de la souveraineté populaire. Manifestant par son insurrection la toute-puissance du souverain, le peuple délègue à nouveau l'exercice de la souveraineté à ses mandataires réinvestis de sa confiance : ainsi au 2 juin 1793.

L'organisation sectionnaire donnait à ces tendances une singulière efficacité. Profitant des institutions municipales créées par l'Assemblée constituante, mais leur insufflant un contenu nouveau, utilisant les comités révolutionnaires imposés à la Convention, forgeant enfin avec les *sociétés sectionnaires* de l'automne 1793 un instrument spécifiquement populaire, les militants sans-culottes donnèrent au mouvement des masses parisiennes une organisation à la fois souple et efficace. Du printemps à l'automne 1793, elle fit ses preuves dans la lutte contre les modérés et facilita grandement l'instauration du Gouvernement révolutionnaire. De juillet 1792 à septembre 1793, la *permanence des sections* (l'assemblée générale se réunit tous les jours à 5 heures) constitua l'une des bases de ce système politique. Supprimée par le décret du 9 septembre, qui réduisit les séances à deux par semaine, puis par décade, elle reparut par le biais des sociétés sectionnaires. Assurant la permanence et la continuité, ces dernières tendirent, au cours de l'hiver de l'an II, à se substituer aux assemblées générales, les réduisant à un rôle d'enregistrement. De toutes les institutions sectionnaires, les *comités révolutionnaires* symbolisent le mieux le pouvoir populaire. Ils apparurent spontanément dans certaines sections parisiennes après le 10 août 1792, et se généralisèrent lors de la crise de mars 1793. La Convention les légalisa le 21 mars. Leur compétence, d'abord limitée, s'élargit rapidement. La loi des suspects du 17 septembre 1793 consacra les pouvoirs qu'ils s'étaient en fait arrogés : dans chaque commune ou section de commune, ils dressèrent la liste des suspects et décernèrent les mandats d'arrêt. La définition très large que la Commune de Paris donna de la *suspicion* accrut d'autant leurs pouvoirs : s'affranchissant de la tutelle des assemblées générales, échappant peu à peu à celle de la Commune, les comités en arrivèrent à contrôler toute la vie sectionnaire.

Disposant de la force armée et nommant leurs officiers, s'administrant elles-mêmes, élisant leurs magistrats et leurs comités, les sections parisiennes constituaient ainsi à l'intérieur de la capitale autant d'organismes autonomes. Dépourvues d'une institution centrale, elles y suppléèrent par la *correspondance* en temps normal, par la *fraternisation* en période de crise : elles doublaient ainsi la municipalité parisienne. Organisation redoutable qui risquait de déborder les Comités de gouvernement et qui tendait à détruire, au profit de la Sans-Culotterie, l'équilibre social sur lequel se fondait le Gouvernement révolutionnaire.

2. *Gouvernement révolutionnaire et dictature jacobine.* — Le Gouvernement révolutionnaire s'était cependant lentement renforcé au cours de l'été 1793, puis définitivement constitué par le décret du 14 frimaire an II (4 décembre 1793) sur la base de principes tout autres que ceux de la démocratie populaire.

La théorie du gouvernement révolutionnaire a été faite par Saint-Just dans son rapport du 10 octobre 1793, par Robespierre dans ses rapports *sur les principes du gouvernement révolutionnaire* (25 décembre 1793) et *sur les principes de morale politique qui doivent guider la Convention* (5 février 1794). Trait significatif, dans aucun de ces rapports, il n'est fait mention du principe de souveraineté populaire : elle s'est concentrée dans la Convention, « centre unique de l'impulsion du gouvernement ». Les Comités gouvernent sous son contrôle. En fait deux seuls exercent effectivement le pouvoir : le Comité de salut public, « au centre de l'exécution », « se réservant la pensée du gouvernement, proposant à la Convention nationale les mesures majeures » ; le Comité de sûreté générale qui a « sous son inspection particulière tout ce qui est relatif aux personnes et à la police générale ». Le gouvernement révolutionnaire est un gouvernement de guerre : « La révolution est la guerre de la liberté contre ses ennemis. » Son but est de fonder la République : après la victoire, on reviendra au gouvernement constitutionnel, « régime de la liberté victorieuse et paisible ». Parce qu'il fait la guerre, « le gouvernement révolutionnaire a besoin d'une activité extraordinaire », il doit « agir comme la foudre » ; on ne peut « soumettre au même régime la paix et la guerre, la santé et la maladie ». Le gouvernement a donc en mains la *force coactive*, c'est-à-dire la Terreur. « La force n'est-elle faite que pour protéger le crime ? » Le gouvernement révolutionnaire ne doit « aux ennemis du peuple que la mort ». Mais la Terreur est au seul service de la République : la *vertu*, « principe fondamental du gouvernement démocratique ou populaire », constitue la garantie que le gouvernement révolutionnaire ne tourne pas au despotisme. La *vertu*, « c'est-à-dire, selon Robespierre, l'amour de la patrie et de ses lois », « le dévouement magnanime qui confond tous les intérêts privés dans l'intérêt général ».

La Terreur constitue un moyen de défense national et révolutionnaire. Elle manifeste, face au complot aristocratique toujours renaissant (on ne peut comprendre la loi de Grande Terreur du 22 prairial an II, si l'on fait abstraction des tentatives d'assassinat de Collot d'Herbois et de Robespierre), la réaction défensive et la volonté punitive du Tiers, mais dorénavant disciplinées par la loi et contrôlées par le gouvernement. Les études statistiques de l'historien américain Donald Greer confirment ce caractère. La Terreur a sévi surtout là où la contre-révolution en vint aux armes et à la trahison ouverte : si 15 % des condamnations capitales furent prononcées à Paris, 71 % relèvent des deux principales régions de guerre civile (19 % dans le Sud-Est, 52 % dans l'Ouest). Les motifs de condamnation concordent avec cette répartition régionale : dans 72 % des cas, il s'agit de rébellion. On objectera sans doute la composition sociale et que 85 % des condamnés appartenaient au Tiers Etat, 8,5 % seulement à la noblesse, 6,5 % au clergé. « Mais en pareille lutte, fait remarquer Georges Lefebvre, les transfuges suscitent moins de ménagement que les adversaires originels. » Comme la guerre civile dont elle n'est qu'un aspect, la Terreur retrancha de la nation des éléments jugés socialement inassimilables, parce que aristocrates ou ayant lié leur sort à l'aristocratie. Elle contribua, en un autre sens, à développer le sentiment de la solidarité nationale : elle fit taire un moment les égoïsmes de classe et imposa à tous les sacrifices nécessaires au salut public.

L'outillage révolutionnaire s'est perfectionné, mais au service du seul gouvernement. Le Club des Jacobins, société-mère, en constitue la pièce maîtresse, réduisant peu à peu le rôle autonome des organisations populaires. Se recrutant dans les couches de moyenne bourgeoisie, souvent acquéreurs de biens nationaux, les Jacobins sont les hommes de la Résistance : face à tous les périls conjugués, ils entendent maintenir les conquêtes politiques et sociales de Quatre-vingt-neuf ; dans ce but, ils ont fait alliance avec le peuple sans-culotte. Partisans du libéralisme économique, ils ont accepté la réglementation et la taxation comme une mesure de guerre et comme une concession aux revendications populaires. Leur recrutement, à la suite du mouvement de la Révolution et d'épurations successives, se démocratisa quelque peu, mais en conservant toujours la prééminence à la moyenne bourgeoisie. En 1793-1794, la République fut couverte d'un réseau de filiales, dense et efficace, dont le nombre est difficile à évaluer pour l'ensemble du pays. Dans le Sud-Est, un moment menacé par la contre-révolution, il paraît avoir été particulièrement élevé : 139 sociétés populaires pour 154 communes dans le Vaucluse, 258 pour 355 dans la Drôme, 117 pour 260 dans les Basses-Alpes. Le rôle de ces organisations fut prépondérant dans la défaite de l'ennemi intérieur et la mise en place des institutions révolutionnaires.

Le Jacobinisme, qui caractérisa la théorie et la pratique du Gouvernement révolutionnaire, tout autant que par une idéologie dérivée du rousseauisme, se définit par un tempérament et une technique politiques. Religion ou mystique a-t-on dit : plus simplement, les Jacobins estimaient que la liberté et l'égalité constituent les caractères d'une société rationnellement conçue. Fanatisme ?... De la raideur de leur attitude et de leur dogmatisme rendent compte la grandeur du péril et la nécessaire discipline contre un ennemi irréconciliable. Les Jacobins ont eu le sentiment, jamais nettement explicité, que la démocratie doit être dirigée, qu'on ne peut se fier à la spontanéité révolutionnaire des masses. Le peuple veut le bien, a dit Robespierre, mais il ne le voit pas toujours. Les Jacobins ont jugé nécessaire de l'éclairer, en fait de le conduire. De là une technique dont le mécanisme a été depuis longtemps démonté, et non sans parti pris d'hostilité. Les Jacobins ont mis au point la pratique des comités restreints, fixant la doctrine, précisant la ligne politique, la concrétisant par des mots d'ordre. L'élection est corrigée par l'épuration et son corollaire, le noyautage : la concurrence une fois limitée par le *scrutin épuratoire* qui permet aux affiliés de juger de l'aptitude des candidats à remplir leur mandat, liberté est laissée aux électeurs de choisir. Les citoyens sont enserrés dans le réseau des organisations affiliées qui reçoivent l'impulsion de la société-mère, « centre unique de l'opinion publique », comme le Comité de salut public l'est de l'action gouvernementale. Les Jacobins ne poussèrent pas cependant ces principes à leurs ultimes conséquences : ils ont créé des clubs, ils n'ont pas formé un parti ; surtout ils demeurèrent subordonnés à une assemblée parlementaire qui avait été élue comme au hasard. Babeuf franchit le pas et c'est probablement de lui, par Blanqui, que Lénine a tiré la leçon.

L'économie dirigée instaurée à l'automne 1793 sous la pression des masses répondait, dans l'esprit des gouvernants, moins à une conception théorique de l'organisation sociale qu'aux exigences de la défense nationale : il s'agissait de nourrir, d'équiper, d'armer les hommes de la levée en masse, de ravitailler les populations des villes, alors que le commerce extérieur était tari par le blocus et la France comme une place assiégée. La *réquisition* pesa sur toutes les ressources matérielles du pays, limitant la liberté d'entreprise. Complément nécessaire de la réquisition, la *taxation* généralisée par le décret du 29 septembre 1793 imposa des marges bénéficiaires (5 % pour le grossiste, 10 % pour le détaillant), freina l'esprit de spéculation, restreignit la liberté du profit. La *nationalisation* affecta à des degrés divers la production, surtout celle des armements et des fabrications de guerre, et le commerce extérieur, mais essentiellement en fonction des besoins militaires, le Comité de salut public se refusant à nationaliser le ravitaillement civil.

Les traits d'une démocratie sociale s'esquissaient cependant. Montagnards et Jacobins n'envisagent d'intégrer les masses populaires dans la nation bourgeoise que par l'accession à la propriété définie dans le sens de Quatre-vingt-neuf. Il n'est plus question de subordonner le droit de propriété au droit à l'existence, ni de le définir comme « une institution sociale garantie par la loi », ainsi que l'avait suggéré Robespierre dans son projet d'une Déclaration des droits, le 24 avril 1793. Mais la Montagne donna enfin satisfaction aux paysans, le 17 juillet 1793, par l'abolition définitive, sans indemnité, de tous les droits seigneuriaux. Le décret du 22 octobre 1793 défendit aux propriétaires d'exiger des fermiers et métayers toute prestation de remplacement (mais dans quelle mesure fut-il appliqué ?). Tandis que s'opérait ce transfert de revenus, le transfert de propriété s'accélérait : les biens des émigrés séquestrés dès le 9 février 1792, mis en vente le 27 juillet suivant, seraient offerts en petits los de 2 à 4 arpents (selon le décret du 3 juin 1793), payables en dix ans (délai porté à 20 ans par le décret du 13 septembre). Le 10 juin, un décret autorisa le partage des biens communaux, dès lors qu'il serait demandé par un tiers de l'assemblée des habitants. Le point culminant de cette politique tendant à créer une nation de petits propriétaires, fut constitué par les décrets des 8 et 13 ventôse an II (26 février et 3 mars 1794), qui dépouillaient les suspects de leurs biens (« Celui qui se montre l'ennemi de son pays n'y peut être propriétaire », selon Saint-Just), pour les transférer aux *patriotes indigents*. Il ne s'agit pas là du « programme d'une révolution nouvelle », comme le voudrait Albert Mathiez, mais d'une mesure politique sociale s'inscrivant dans la ligne de la révolution bourgeoise : la confiscation n'a jamais été qu'un moyen de lutte contre l'aristocratie, l'accession à la propriété un facteur de consolidation sociale. Adeptes au fond d'eux-mêmes de la liberté économique, les Robespierristes comme les Montagnards répugnaient à intervenir dans les problèmes agraires : sourds aux revendications des Sans-Culottes des campagnes, ils n'envisagèrent jamais la réforme du métayage ni la division des grandes fermes en petites exploitations. La même hardiesse et la même timidité caractérisent la tentative d'une législation sociale nouvelle. Le droit à l'assistance fut sanctionné par le décret du 22 floréal an II (11 mai 1794) qui ouvrit dans chaque département un *livre de la bienfaisance nationale*, mais en faveur des seuls « habitants des campagnes » : pension de retraite pour les vieillards et les infirmes, allocations pour les mères et les veuves chargées d'enfants, assistance médicale gratuite à domicile — autant de mesures qui préfigurent une sécurité sociale.

« Que l'Europe apprenne que vous ne voulez plus un malheureux ni un oppresseur sur le territoire français, avait déclaré Saint-Just, le 13 ventôse... Le bonheur est une idée neuve en Europe. »

III. — L'IMPOSSIBLE RÉPUBLIQUE ÉGALITAIRE

1. *Arrêt et déclin du mouvement populaire (printemps 1794).* — A la fin de l'hiver de l'an II, les traits de l'évolution qui s'esquissaient depuis l'établissement du Gouvernement révolutionnaire, se durcirent. Tandis que la réglementation, la taxation et la direction de l'économie, réclamées par les Sans-Culottes, combattues par les possédants, assuraient péniblement, sauf pour le pain, le ravitaillement de la population parisienne, les nécessités de la défense nationale comme une concep-

tion bourgeoise du pouvoir politique entraînaient de plus en plus le Gouvernement révolutionnaire à s'assurer de l'obéissance passive des organisations populaires et à réduire la démocratie sans-culotte à la mesure jacobine. Ainsi s'affirme, début de ventôse, un double malaise social et politique qui affecte la sans-culotterie dans son existence matérielle et son comportement révolutionnaire. Sur cet arrière-fond de crise, l'opposition entre *indulgents* et *patriotes prononcés* s'exaspère. La conjonction de l'opposition avancée et du mécontentement populaire constituait, pour le gouvernement, une menace grave : il tenta par les décrets de ventôse de se concilier l'opinion sans-culotte. La manœuvre échoua : les décrets de ventôse n'entraînèrent pas ce choc psychologique capable de résoudre la crise politique, en ralliant la sans-culotterie au Gouvernement révolutionnaire.

Le moment parut favorable aux *patriotes prononcés*, Cordeliers en tête, pour une action qui les débarrasserait des modérés et les imposerait triomphants aux Comités de gouvernement et à la Convention. Mais négligeant les enseignements de toutes les journées révolutionnaires, les dirigeants cordeliers ne se soucièrent pas d'organiser leur mouvement, ni d'assurer leur liaison avec les masses plus sensibles à la disette des subsistances qu'au péril du modérantisme. Le 14 ventôse an II (4 mars 1794), les Cordeliers proclamèrent la nécessité d'une *sainte insurrection* : dans leur esprit, vraisemblablement une simple manifestation de masse. Ils ne furent pas suivis. Mais leur tentative donna l'occasion au Gouvernement révolutionnaire de sortir de l'immobilisme : il se débarrassa de la double opposition, liquidant les Cordeliers (24 mars 1794), puis se retournant vers les Indulgents guillotinés le 5 avril.

Le drame de germinal fut décisif. L'évolution se précipita. A voir condamner *Le Père Duchesne* et les Cordeliers, qui avaient leur audience et exprimaient leurs aspirations, les Sans-Culottes doutèrent du Gouvernement révolutionnaire. En vain Danton a-t-il été lui aussi exécuté. La répression qui suivit les grands procès de germinal an II, malgré son caractère limité, développa chez les militants un complexe de peur qui paralysa la vie politique sectionnaire. Le contact direct et fraternel fut rompu entre les autorités révolutionnaires et les Sans-Culottes des sections.

L'ayant emporté, le Gouvernement révolutionnaire entreprit un vaste effort de régularisation des institutions et d'unification des forces politiques. S'il avait consenti devant l'urgence du péril à l'alliance avec la sans-culotterie, il n'avait jamais accepté ses buts sociaux ni ses méthodes politiques. L'Armée révolutionnaire fut licenciée (27 mars 1794)[1], les commissaires aux accaparements supprimés (1er avril), la Commune de Paris épurée. Plus grave encore pour le mouvement populaire, la reprise contre les sociétés sectionnaires de l'offensive gouvernementale. Dans son discours du 15 mai 1794, Couthon réclama l'*unité d'opinion* : que tous les patriotes *se concentrent* aux Jacobins ; Collot d'Herbois souligna une fois encore l'incompatibilité de la démocratie sans-culotte avec les nécessités du gouvernement révolutionnaire : les sociétés sectionnaires voulaient « faire de chaque section une petite République ». De germinal à prairial, 39 sociétés furent dissoutes sous la pression jacobine et gouvernementale : pour la plupart (29 sur 39), sociétés *de fondation récente*, composées essentiellement de *patriotes de 93*, dits *de nouvelle couvée*, par opposition aux *patriotes de 89*. En les forçant à se dissoudre, les Comités de gouvernement brisaient l'armature du mouvement populaire.

De germinal à messidor, la centralisation se renforça : par la suppression des six ministres du Conseil exécutif provisoire et leur remplacement, le 1er avril 1794, par douze *Commissions exécutives* subordonnées au Comité de salut public ; par le rappel encore des représentants en mission, le 19 avril, le Comité préférant utiliser ses propres agents. La Terreur fut

1. Voir Richard Cobb, *Les armées révolutionnaires, instrument de la Terreur dans les départements, avril 1793-floréal an II* (1963).

accélérée par la loi du 22 prairial an II (10 juin 1794) : « Il s'agit moins de punir les ennemis de la Révolution, déclara Couthon, que de les anéantir. » Les autorités administratives épurées obéirent, la Convention vota sans discussion. Mais ce que le gouvernement gagnait en *force coactive*, il le perdait en appui confiant, sa base sociale se rétrécissant dangereusement. Les documents du printemps 1794 attestent l'atonie des organisations populaires. Si les assemblées de section abordent encore les problèmes de politique générale, ce n'est plus pour discuter, mais pour approuver par des adresses de félicitations et des attestations de loyalisme : ainsi pour la proclamation du culte de l'Etre suprême par le décret du 18 floréal an II (7 mai 1794). Si les tentatives d'assassinat de Robespierre et de Collot d'Herbois raniment en prairial la flamme terroriste, les assemblées retombent aussitôt dans la monotonie de leur train quotidien. La victoire de Fleurus (26 juin 1794) ou l'anniversaire de la prise de la Bastille (26 messidor) ne parviennent pas à ranimer l'enthousiasme. Sous une unité factice, l'indifférence ou l'hostilité gangrène les sections étroitement tenues par des comités révolutionnaires bureaucratisés. Saint-Just écrit : « La Révolution est glacée. »

Les Comités de gouvernement, en domestiquant le mouvement populaire, s'étaient délivrés de la hantise d'une journée : mais ils libéraient en même temps la Convention et se privaient d'un moyen de pression. La victoire s'affirmant, quelle raison pouvait-elle avoir de supporter plus longtemps leur tutelle ? Entre la Convention impatiente du joug et la Sans-Culotterie irréductiblement hostile, le Gouvernement révolutionnaire était comme suspendu dans le vide.

2. *La chute du Gouvernement révolutionnaire et la fin du mouvement populaire (thermidor an II - prairial an III).* — Dans les premiers jours de thermidor, la désagrégation du groupe montagnard s'aggrava dans la Convention. Les représentants rappelés de mission, les anciens partisans de Danton ne pardon-

naient pas au Comité de salut public. Leurs efforts auraient été vains, si les Comités de gouvernement étaient restés unis, Mais la division déjà ancienne entre les deux Comités empira. Les membres du Comité de sûreté générale, sauf Lebas et David, étaient hostiles au Comité de salut public et particulièrement à Robespierre pour des raisons à la fois personnelles et de principe. La délimitation des pouvoirs entre les deux Comités n'avait jamais été nettement précisée : la police générale était l'objet d'un conflit d'attributions depuis la création en floréal d'un Bureau de police dépendant du Comité de salut public. L'hostilité du Comité de sûreté générale eût été facilement neutralisée, si celui de salut public ne s'était pas lui-même divisé : interviennent ici non seulement la politique sociale et l'application des décrets de ventôse, comme le soutient Albert Mathiez, mais tout autant les conflits d'attributions, les rancunes politiques et les oppositions de tempérament, comme le suggère Georges Lefebvre. Malgré la tentative de réconciliation des deux Comités, en séance plénière des 4 et 5 thermidor (22 et 23 juillet 1794), Robespierre résolut de porter le conflit devant la Convention : c'était la faire juge du maintien du Gouvernement révolutionnaire, au moment même où la victoire s'affirmait et où le danger d'une pression populaire paraissait éliminé.

Ce risque, Robespierre le prit à découvert. Rien ne fut entrepris pour préparer l'action de la Commune et des sections, au cas où la Convention refuserait de suivre le groupe robespierriste. Bien plus, alors que l'atmosphère politique s'épaississait, la Commune de Paris, robespierriste, aveugle au malaise social et sourde aux revendications populaires, publiait le maximum des salaires (5 thermidor) : baisse autoritaire parfois considérable (ainsi pour un charpentier, de 8 livres à 3 livres 15 sols), qui accentua le divorce entre le Gouvernement révolutionnaire et les militants sectionnaires, entre la Commune et les masses populaires.

L'épreuve de force du 9 thermidor an II (27 juillet 1794)

démontra l'efficacité de la centralisation gouvernementale. Dix comités révolutionnaires de section seulement se prononcèrent pour la Commune insurrectionnelle et persistèrent assez longtemps dans leur attitude pour se compromettre définitivement ; douze hésitèrent ; dix-huit se rallièrent d'emblée à la Convention. Dans les assemblées générales, seule une minorité de militants suivit les mots d'ordre insurrectionnels. La pratique révolutionnaire, sur laquelle la Commune fondait ses espoirs, était mise en échec par l'appareil dictatorial qui se retournait finalement contre ceux-là mêmes qui avaient tant contribué à le forger : le groupe robespierriste appuyé sur les Jacobins. Les autorités sectionnaires, au lieu de former comme lors des journées précédentes les cadres de l'insurrection, se constituèrent dans la plupart des cas les organes de transmission des volontés gouvernementales.

Robespierre tombé, le Gouvernement révolutionnaire ne lui survécut pas. Il fut démantelé dès l'été 1794, en particulier par le décret du 7 fructidor an II (24 août 1794) qui mit fin à la concentration gouvernementale. L'abandon de la Terreur alla de pair, la *force coactive* disparaissant avec les autres ressorts révolutionnaires ; les prisons s'ouvrirent. Dès brumaire an III, le Club des Jacobins fut dissous (13 novembre 1794). Bientôt la Terreur blanche se donna libre cours. L'abandon de l'économie dirigée était inscrit dans la ligne thermidorienne : le décret du 4 nivôse an III (24 décembre 1794) porta suppression du maximum général et de l'économie dirigée. L'assignat s'effondra, la hausse des prix fut vertigineuse : en avril 1795, l'index général des prix atteignit 758 par rapport à 1790, celui des denrées alimentaires seules 819. En ce sens, le 9 thermidor fut bien pour les Sans-Culottes une journée de dupes. Mécontents du Gouvernement révolutionnaire, ils n'avaient pas senti la menace que sa chute ferait peser sur eux. Dix mois plus tard, exténués par la cherté, la disette et les rigueurs d'un hiver exceptionnel, les Sans-Culottes parisiens réclamèrent le retour à l'économie dirigée et se levèrent une dernière fois.

La journée du 12 germinal an III (1er avril 1794) constitua le prélude de celles, plus dramatiques, des 1er et 2 prairial (20 et 21 mai 1795). Le 4 prairial au soir, sans chefs, presque sans cadres, miné par la famine, le faubourg Saint-Antoine, colonne de la Révolution depuis Quatre-vingt-neuf, capitulait sans combat[1].

Les *honnêtes gens* respirèrent, la répression se déchaîna. Journées décisives, qui virent se dresser contre le mouvement populaire, épuisé et désorganisé, des républicains aux partisans de l'Ancien Régime, le bloc de la bourgeoisie appuyé sur l'armée. Son ressort enfin brisé, la Révolution était finie.

***

Les journées de prairial an III comme le 9 thermidor constituent en dernière analyse des épisodes tragiques du conflit des classes au sein de l'ancien Tiers Etat. Pour les situer à leur juste place, on ne peut oublier que la Révolution française fut essentiellement une lutte de l'ensemble du Tiers contre l'aristocratie européenne. Dans cette lutte, la bourgeoisie tenait la haute main. Sur l'essentiel, haine de l'aristocratie et volonté de vaincre, les Sans-Culottes étaient d'accord avec la bourgeoisie révolutionnaire : ils en sont toujours restés là, si bien qu'au 13 vendémiaire (5 octobre 1795) et au 18 fructidor (4 septembre 1797), étouffant leur légitime rancune, les plus conscients aidèrent encore la bourgeoisie thermidorienne à écraser la contre-révolution. L'opposition s'était cependant rapidement manifestée entre le mouvement populaire et la dictature jacobine de salut public, minant le système de l'an II. Si elle s'aggrava des conséquences de la guerre, elle n'en traduisait pas moins les tendances irréductibles de deux catégories sociales différentes.

1. Voir Kåre D. Tønnesson, *La défaite des Sans-Culottes. Mouvement populaire et réaction bourgeoise en l'an III* (Oslo-Paris, 1959).

Sur le plan politique, la guerre exigeait un gouvernement autoritaire et les Sans-Culottes en eurent conscience, puisqu'ils contribuèrent à sa création. Mais la guerre et ses nécessités entrèrent rapidement en contradiction avec la démocratie que Montagnards et Sans-Culottes invoquaient également, mais en des sens différents. Les Sans-Culottes avaient réclamé un gouvernement fort qui écraserait l'aristocratie : ils ne s'étaient pas avisés que dans sa volonté de vaincre, ce gouvernement les contraindrait à l'obéissance. Surtout la démocratie, telle qu'ils la pratiquaient, tendait spontanément au gouvernement direct. Contrôle des élus, droit pour le peuple de révoquer leur mandat, vote à haute voix ou par acclamation : ce comportement politique s'opposait irrémédiablement à la conception d'une démocratie libérale et représentative à laquelle s'en tenait la bourgeoisie montagnarde. Plus qu'opposition de circonstance, il y avait en ce domaine contradiction fondamentale.

Sur le plan économique et social, la contradiction n'en était pas moins insurmontable. Adeptes de l'économie libérale, les hommes du Gouvernement révolutionnaire, Robespierre tout le premier, n'ont accepté l'économie dirigée que parce qu'ils ne pouvaient se passer de la taxation et de la réquisition pour soutenir une grande guerre nationale : les Sans-Culottes, en imposant le *maximum* général, pensaient bien plus encore à leur propre subsistance. La Révolution, pour démocratique qu'elle fût devenue, n'en demeurant pas moins bourgeoise, le Gouvernement révolutionnaire taxa les salaires comme les denrées, afin de maintenir l'équilibre entre les chefs d'entreprise et les salariés. Cette politique exigeait l'alliance de la Montagne et de la Sans-Culotterie. Or elle heurtait la bourgeoisie, même jacobine, parce qu'elle supprimait la liberté économique et restreignait le profit. Sauf pour les fabrications de guerre payées par l'Etat et pour les grains et fourrages réquisitionnés chez le paysan, le maximum fut éludé : le conflit était inévitable avec les salariés. Ces derniers, souffrant de l'inflation et des insuffisances du ravitaillement, étaient naturellement portés à tirer parti de la rareté relative de la main-d'œuvre pour enlever des augmentations de salaires : de l'automne au printemps de l'an II, la Commune laissa faire, négligeant, contrairement à la loi, de taxer les salaires. Après germinal, le gouvernement redressa la situation des entreprises dont le profit tendait à s'amenuiser, prises qu'elles étaient entre la taxe et l'augmentation illégale des salaires — politique dont l'aboutissement fut le maximum des salaires parisiens du 5 thermidor. Ce faisant cependant, le Gouvernement révolutionnaire revenait sur des avantages acquis par les salariés et semblait se départir de sa position médiatrice. L'économie dirigée de l'an II, ne reposant pas sur une base de classe, était en porte à faux : après le 9 thermidor, l'édifice s'écroula.

Les antagonismes entre dictature jacobine et mouvement populaire n'étaient pas seuls en cause : les contradictions propres à la Sans-Culotterie portaient en germe la ruine du système de l'an II. Les Sans-Culottes ne constituaient pas une classe ni leur mouvement un parti de classe. Artisans et boutiquiers, compagnons et journaliers formèrent, avec une minorité bourgeoise, une coalition qui déploya contre l'aristocratie une force irrésistible. Mais, à l'intérieur de cette coalition, l'opposition s'affirma entre ceux qui, artisans et boutiquiers, vivaient du profit qu'ils tiraient de la propriété privée des moyens de production, et ceux qui, compagnons et journaliers, ne disposaient que d'un salaire. Les nécessités de la Révolution avaient soudé un moment l'unité de la Sans-Culotterie et rejeté à l'arrière-plan les conflits d'intérêts qui mettaient aux prises ses divers éléments : elles ne pouvaient les supprimer. De recrutement hétérogène, les Sans-Culottes n'avaient aucune conscience de classe. S'ils affirmaient généralement leur hostilité au capitalisme, ce n'était pas pour les mêmes motifs. L'artisan redoutait de se voir ramené au salariat ; le compagnon exécrait l'accapareur qui lui renchérissait la vie. Salariés, les compagnons ne possédaient cependant aucune conscience sociale propre : leur mentalité était bien plutôt façonnée par l'artisanat, la concentration capitaliste n'ayant pas encore éveillé le sens de la solidarité de classe. A peine avaient-ils une certaine notion de leur unité, que soulignaient leurs occupations manuelles comme leur vêtement et leur genre de vie. Le manque d'instruction aussi, qui engendrait dans les rangs populaires un sentiment d'infériorité et parfois d'impuissance : lorsque les *hommes à talents* de la moyenne bourgeoisie jacobine vinrent à manquer à la Sans-Culotterie parisienne, elle fut perdue.

La marche de l'histoire, dans sa dialectique même, rend compte encore de l'échec de la tentative de l'an II. Cinq années de luttes révolutionnaires constantes usèrent les meilleurs et enlevèrent à la longue au mouvement populaire de sa vigueur et de son mordant, tandis que la *grande espérance* toujours différée démobilisait peu à peu les masses. « Le peuple se lasse », avait noté Robespierre : le peuple aspirait à jouir du fruit de ses efforts. « Nous sommes à la veille de regretter tous les sacrifices que nous avons faits pour la Révolution », déclaraient à la Convention, le 27 ventôse an III (17 mars 1795), les Sans-Culottes des faubourgs Saint-Antoine et Saint-Marcel. De mois en mois, les levées d'hommes avaient affaibli les sections parisiennes, les privant des plus jeunes, des plus conscients aussi et des plus enthousiastes pour qui la défense de la patrie nouvelle constituait le premier devoir révolutionnaire. On conçoit les conséquences irrémédiables de ce vieillissement sur l'ardeur révolutionnaire des masses.

En même temps, la Sans-Culotterie avait vu fondre ses cadres, par l'effet même du succès populaire au printemps et durant l'été 1793. Bien des militants, sans être mus par la seule ambition, considéraient l'obtention d'une place comme la récompense légitime de leur activité. L'efficacité du Gouvernement révolutionnaire était d'ailleurs à ce prix. A l'automne 1793, les administrations furent épurées et peuplées de bons Sans-Culottes. Alors apparut un nouveau conformisme qu'illustre l'exemple des commissaires révolutionnaires des sections parisiennes, à l'origine l'élément le plus populaire et le plus combatif du nouveau personnel politique. Leur condition et le succès même de leur tâche exigeaient qu'ils fussent salariés : au cours de l'an II, ces militants sectionnaires se transformèrent en fonctionnaires d'autant plus dociles aux ordres du gouvernement qu'ils pouvaient craindre de perdre les avantages acquis. Le pouvoir révolutionnaire s'en trouva renforcé. Mais il en résulta un affaiblissement du mouvement populaire et une altération de ses rapports avec le gouvernement. L'activité politique des organisations sectionnaires se trouva freinée, la démocratie affaiblie. Le processus de bureaucratisation entraîna graduellement la paralysie de l'esprit critique et de la combativité politique des masses. Enfin s'affirma un fléchissement du contrôle populaire sur l'appareil gouvernemental, dont les tendances autoritaires se renforcèrent. Les robespierristes assistèrent impuissants à cette évolution.

Thermidor et son épilogue de prairial an III, en ruinant l'espérance populaire d'une impossible démocratie égalitaire, permirent de renouer avec Quatre-vingt-neuf. Mais à cette date, la Terreur, par ses terribles coups, avait achevé la destruction de l'ancienne société et déblayé le terrain pour l'instauration de nouveaux rapports sociaux : le règne bourgeois des notables pouvait commencer.

CHAPITRE III

QUATRE-VINGT-QUINZE LIBÉRALISME OU DICTATURE ? (1795-1799)

En 1795, des deux mouvements populaires qui depuis 1789, l'un relayant l'autre, avaient poussé en avant la révolution bourgeoise, l'un est brisé, l'autre assagi. Les masses urbaines, malgré les efforts des conjurés de l'an IV, sont dorénavant en retrait : elles ne se lèveront qu'en 1830. Les masses paysannes sont irrémédiablement divisées : en abolissant définitivement les droits féodaux par la loi du 17 juillet 1793, la Convention montagnarde a rangé pour longtemps la paysannerie propriétaire dans le parti de l'ordre. L'ardeur révolutionnaire éteinte, l'aristocratie touchée dans ses forces vives, l'ère de la stabilisation bourgeoise s'ouvrait.

La Convention thermidorienne léguait cependant au régime qu'elle instaurait et qui est passé dans l'histoire sous le nom de Directoire, la guerre, une situation économique catastrophique et un système politique savamment équilibré dont l'esprit et la pratique importent ici plus que la lettre. Ayant conservé de l'expérience de l'an II un souvenir horrifié (sa liberté restreinte, le profit limité, les petites gens imposant leur loi), la bourgeoisie, sa conscience de classe durcie et renforcée, organisa jalousement son pouvoir ; la primauté des notables restaurée, la nation se définissait à nouveau dans le cadre étroit d'un système censitaire. Mais une nouvelle opposition révolutionnaire relancée par l'effondrement du papier-monnaie, le refus tenace de la contre-révolution à l'intérieur comme à l'extérieur rendirent impossible le jeu normal de l'expérience : alors s'instaura une pratique politique et administrative d'exception dont profita le Consulat et qu'il institutionnalisa largement.

De Thermidor à l'Empire, une continuité s'affirme que Brumaire ne rompit qu'en apparence.

I. — L'HÉRITAGE THERMIDORIEN : PROPRIÉTÉ ET LIBERTÉ

Les principes de la prépondérance sociale et politique de la bourgeoisie furent posés avec netteté par le conventionnel Boissy d'Anglas, dans son discours préliminaire au projet de constitution, le 5 messidor an III (23 juin 1795). Il s'agit de « garantir enfin la propriété du riche, l'existence du pauvre, la jouissance de l'homme industrieux, la liberté et la sûreté de tous ».

La propriété constitue le fondement de l'ordre social. La Convention doit se garder « avec courage des principes illusoires d'une démocratie absolue et d'une égalité sans limites qui sont incontestablement les écueils les plus redoutables pour la véritable liberté. L'égalité civile en effet, voilà tout ce que l'homme raisonnable peut exiger. L'égalité absolue est une chimère ; pour qu'elle pût exister, il faudrait qu'il existât une égalité entière dans l'esprit, la vertu, la force physique, l'éducation, la fortune de tous les hommes ». Vergniaud avait déjà tenu le même raisonnement, le 13 mars 1793 : « L'égalité pour l'homme social n'est que celle des droits. Elle n'est pas plus celle des fortunes que celle des tailles, celle des forces, de l'esprit, de l'activité, de l'industrie et du travail. » Singulière continuité de la Gironde aux Thermidoriens ! Boissy d'Anglas poursuit : « Nous devons être gouvernés par les meilleurs : les meilleurs sont les plus instruits, les plus intéressés au maintien des lois ; or, à bien peu d'exceptions près, vous ne trouverez de pareils hommes que parmi ceux qui, possédant une propriété, sont attachés au pays qui la contient, aux lois qui la protègent, à la tranquillité qui la conserve, et qui doivent à cette propriété et à l'aisance qu'elle donne l'éducation qui les a rendus propres à discuter avec sagacité et justesse les avantages et les inconvénients des lois qui fixent le sort de leur patrie. L'homme sans propriété, au contraire, a besoin d'un effort constant de vertu pour s'intéresser à l'ordre qui ne lui conserve rien, et pour s'opposer aux mouvements qui lui donnent quelques espérances. »

La liberté économique est nécessairement liée aux droits de la propriété. « Si vous donnez à des hommes sans propriété les droits politiques sans réserve, et s'ils se trouvent jamais sur les bancs des législateurs, ils exciteront ou laisseront exciter des agitations sans en craindre l'effet ; ils établiront ou laisseront s'établir des taxes funestes au commerce et à l'agriculture, parce qu'ils n'en auront senti ni redouté ni prévu les déplorables résultats, et ils nous précipiteront enfin dans ces convulsions violentes dont nous sortons à peine... Un pays gouverné par les propriétaires est dans l'ordre social ; celui où les non-propriétaires gouvernent est dans l'état de nature. » La bourgeoisie entendant désormais se réserver jalousement l'exercice du droit de propriété, c'était fermer tout espoir aux classes populaires. L'accès à la propriété foncière, un moment facilité par la législation montagnarde, fut refusé aux non-possédants, à la petite paysannerie en particulier, au nom des exigences de l'économie libérale. Dès le 22 fructidor an II (8 septembre 1794), Lozeau, député de la Charente-Inférieure, avait souligné ces nécessités, en présentant à la Convention son rapport « sur l'impossibilité matérielle de transformer tous les Français en propriétaires fonciers et sur les conséquences fâcheuses qu'entraînerait au surplus cette transformation » : en admettant même qu'on pût transformer tous les paysans en cultivateurs indépendants, la République n'aurait pas à s'en féliciter, « puisque dans cette hypothèse, chacun étant obligé de cultiver son champ ou sa vigne pour vivre, le commerce, les arts et l'industrie seraient bientôt anéantis ».

L'existence d'un prolétariat dépendant est la condition nécessaire de l'économie capitaliste et de la société bourgeoise. Toute atteinte au privilège de la richesse risque de mettre en question l'ordre social : le spectre de la *loi agraire* garda toute son efficacité, la peur sociale rend largement compte de l'évolution du régime vers la dictature militaire. Se prononçant contre l'établissement de l'impôt progressif, l'obscur Dauchy déclarait aux Cinq-Cents, le 10 frimaire an IV (1er décembre 1795) : « Les Etats ne prospèrent qu'en attachant le plus possible les citoyens à la propriété... L'impôt progressif est une loi d'exception contre les citoyens aisés... Son effet serait inévitablement de morceler les propriétés à l'extrême ; ce système n'a été que trop suivi dans l'aliénation des biens nationaux... L'impôt progressif est, pour le dire en un mot, le véritable germe d'une loi agraire, qu'il faut étouffer dès sa naissance... Ce n'est qu'en ayant pour la [propriété] un respect religieux, qu'il sera possible d'attacher fortement tous les Français à la liberté et à la République. »

La Déclaration des droits qui précède la Constitution de l'an III marque un net recul par rapport à celle de 1789. Dans la discussion, le 26 thermidor (13 août), Mailhe avait souligné le danger qu'il y avait à mettre « dans cette déclaration des principes contraires à ceux que renferme la Constitution » : « Nous avons fait une assez cruelle épreuve de l'abus des mots pour n'en point employer d'inutiles. » L'article 1er de la Déclaration de 1789 (« Les hommes naissent et demeurent libres et égaux en droits ») fut abandonné. « Si vous dites que tous les hommes demeurent égaux en droits, avait déclaré Lanjuinais le 26 thermidor, vous provoquez à la révolte contre la Constitution ceux à qui vous avez refusé ou suspendu l'exercice des droits de citoyen pour la sûreté de tous. » Les Thermidoriens, plus prudents que les Constituants, précisent bien qu'il ne peut s'agir que d'égalité civile : « L'égalité consiste en ce que la loi est la même pour tous » (article 3). Des droits sociaux reconnus par la Déclaration de 1793, il ne fut plus question, encore moins du droit à l'insurrection. Par contre, le droit de propriété, dont la Déclaration de 1789 n'avait donné aucune définition, est ici précisé comme dans la Déclaration de 1793 : « La propriété est le droit de jouir et de disposer de ses biens, de ses revenus, du fruit de son travail et de son industrie » (article 5). C'était consacrer la liberté économique dans toute son ampleur. La Déclaration des devoirs que les Thermidoriens crurent bon de joindre à celle des droits, précisait encore dans son article 8 : « C'est sur le maintien des propriétés que reposent la culture des terres, toutes les productions, tout moyen de travail et tout l'ordre social. » Le droit de suffrage fut restreint ; les conditions de cens furent cependant plus larges qu'en 1791 : tout Français âgé de 21 ans, domicilié depuis un an et payant une contribution quelconque, fut citoyen actif.

Dans ces conditions, la base sociale sur laquelle les Directoriaux, à la suite des Thermidoriens, entendaient stabiliser la Révolution, apparaît singulièrement étroite.

Du côté des masses populaires, le souvenir de l'an II et la peur sociale demeurèrent un puissant motif de réaction, pour finalement légitimer le 18 brumaire. Les plus conscients, parmi le peuple, n'acceptèrent pas sans résistance d'être rejetés hors de la nation et de cette république pour laquelle ils avaient combattu : la Conjuration des Egaux le démontra. Mais tandis que le mouvement révolutionnaire s'orientait, non sans tâtonnements, vers des voies nouvelles, la peur bourgeoise constituait aux mains du gouvernement un puissant levier contre les *exclusifs*, les *terroristes*, les *anarchistes*, les *brigands*, les *buveurs de sang*. Les *notables*, les *honnêtes gens* craignaient par-dessus tout le retour au système de l'an II : le riche tenu pour suspect, le renversement des valeurs sociales traditionnelles, la démocratie politique ouvrant la voie au nivellement social.

Du côté des classes possédantes, l'aristocratie demeurait exclue, mais aussi une partie de la bourgeoisie. La loi du 3 brumaire an IV (25 octobre 1795) interdisait les fonctions publiques aux parents d'émigrés ; rapportée par la majorité royaliste de l'an V, elle fut rétablie au 18 fructidor. Peu après, Sieyès fit proposer le bannissement des nobles qui avaient exercé des fonctions ou joui de dignités sous l'Ancien Régime, et la réduction des autres à la qualité d'étrangers : la loi du 9 frimaire an VI (29 novembre 1797) s'en tint à cette seconde mesure ; si elle ne fut jamais appliquée, l'intention n'en était pas moins nette. L'exclusive s'étendait plus loin encore : la bourgeoisie directoriale, de condition moyenne, se défiait tout autant de la bourgeoisie d'Ancien Régime, d'un niveau social plus élevé et plus proche de l'aristocratie. Les monarchistes constitutionnels étaient rejetés comme les absolutistes. Les Thermidoriens, mués en Directoriaux, entendaient que la République fût bourgeoise et conservatrice ; mais ils refusèrent l'appui d'une partie de la bourgeoisie royaliste, craignant qu'elle ne les entraînât dans la voie de la restauration.

II. — LA CATASTROPHE MONÉTAIRE ET LA CONSPIRATION POUR L'ÉGALITÉ (1795-1797)

La stabilisation de la Révolution sur la base étroite de la propriété, de la bourgeoisie censitaire, des seuls notables républicains, s'avéra finalement impossible. Elle dépendait de la solution qui serait apportée aux problèmes fondamentaux hérités de l'époque thermidorienne : la guerre, à l'intérieur le problème économique et financier. La paix signée par les Thermidoriens en 1795, à Bâle avec la Prusse et l'Espagne, à La Haye avec la Hollande, la guerre continua cependant avec l'Autriche jusqu'au traité de Campoformio (18 octobre 1797).

La monnaie était ruinée, l'économie délabrée. Une crise fiscale doublait la crise monétaire, les impôts ne rentraient plus, le Trésor était vide. En vain Reubell invitait « les indifférents même... à se rattacher à la République et à se réunir à cette grande masse de républicains devant laquelle toute faction va disparaître ».

L'inflation atteignit son extrême limite, peu après l'installation du Directoire (4 brumaire an IV - 26 octobre 1795). L'assignat de 100 livres ne valait plus que 15 sous. La planche aux assignats continua à multiplier une monnaie dont la valeur fut bientôt inférieure au prix du papier : en moins de quatre mois, la masse en doubla, atteignant 39 milliards en février 1796. En vain, un emprunt forcé à taux progressif, véritable impôt sur le capital, fut-il institué, payable en monnaie métallique, en grains ou en assignats à 1 % de leur valeur nominale : le cours en était de trois à quatre fois inférieur. Le 30 pluviôse an IV (19 février 1796), il fallut suspendre les émissions et abandonner l'assignat.

Le retour à la monnaie métallique parut impossible : il n'en circulait qu'environ 300 millions au lieu de 2 milliards et demi à la fin de l'Ancien Régime. L'idée d'une banque nationale d'émission fut écartée. La loi du 28 ventôse an IV (18 mars 1796) créa le *mandat territorial* dont 2 400 millions furent aussitôt émis. Gagés sur les biens nationaux non encore vendus, les mandats territoriaux étaient substitués aux assignats échangés à 30 pour un, alors qu'au même moment l'assignat était accepté pour le paiement de l'emprunt forcé à 100 pour un. En six mois, le mandat territorial parcourut la carrière que l'assignat avait traversée en cinq ans. Dès les premières émissions, le mandat perdit jusqu'à 65 et 70 % ; la dépréciation atteignit 90 % le 1er floréal (20 avril 1796). Dès lors, les denrées eurent trois prix, ce qui n'était pas pour diminuer les difficultés du commerce et du ravitaillement. La dilapidation des biens nationaux, en diminuant le gage, contribua encore à ruiner le mandat. La loi du 6 floréal an IV (26 avril 1796) décida la reprise des ventes et en fixa le mode, sans enchères, le mandat étant accepté pour sa valeur nominale : ce fut une ruée, un véritable brigandage, au profit notamment des fournisseurs de l'Etat, payés en mandats. En prairial, le pain valait en assignats 150 francs la livre. Les mendiants eux-mêmes refusaient le papier qu'on leur tendait.

Le cycle dès lors s'accéléra. Le 29 messidor (17 juillet 1796), le cours forcé fut aboli ; le 13 thermidor (31 juillet), on décida que le paiement des biens nationaux se ferait en mandats au cours : mesure trop tardive pour empêcher le gaspillage des domaines nationalisés. A la fin de l'an IV (mi-septembre 1796), c'en était fini de la fiction du papier-monnaie. La monnaie métallique réapparaissait ; mais l'Etat ne recevant que du papier n'en profitait pas. La loi du 16 pluviôse an V (4 février 1797) démonétisa le mandat, le clouant à 1 % de sa valeur nominale : consécration officielle d'une banqueroute déjà accomplie. Ainsi s'achevait l'histoire du papier-monnaie révolutionnaire. Déjà la guerre nourrissait le régime : l'exploitation des pays occupés rend compte du retour au numéraire. Au 5 germinal an V (25 mars 1797), le Directoire avait touché 10 millions en numéraire de l'armée de Sambre-et-Meuse, plus de 51 de l'armée d'Italie.

Les conséquences sociales furent, comme à l'ordinaire, catastrophiques pour l'ensemble des classes populaires. L'hiver de l'an IV fut terrible pour les salariés accablés par la hausse vertigineuse des prix. Les marchés demeuraient vides : la récolte de 1795 n'avait pas été bonne, les paysans n'acceptaient que le numéraire, les réquisitions n'étaient plus exigées. Le Directoire dut procéder à des achats à l'étranger et réglementer sévèrement la consommation. A Paris, la ration d'une livre de pain par jour tomba à 75 grammes ; elle fut complétée par du riz que les ménagères ne pouvaient cuire, faute de bois. Tout au cours de l'hiver, les rapports de police signalent avec une monotonie lassante la misère et le mécontentement populaires, encore soulignés par le luxe et l'impudeur des agioteurs.

L'opposition contre le Directoire s'en trouva renforcée : au club du Panthéon, les Jacobins regroupés discutaient du rétablissement du maximum. L'opposition révolutionnaire prit cependant une forme nouvelle sous l'impulsion de Babeuf.

La pression des événements, la réflexion sur son temps. l'action révolutionnaire à laquelle il avait ardemment participé, avaient enrichi et vivifié chez Babeuf la connaissance livresque du communisme millénaire : le premier dans la Révolution française, il surmonta la contradiction à laquelle s'étaient heurtés les hommes politiques dévoués à la cause populaire, entre l'affirmation du droit à l'existence et le maintien de la propriété privée et de la liberté économique. Sans doute, la tentative de la Conjuration des Egaux ne s'inscrit pas exactement dans la ligne de la révolution bourgeoise. Mais à considérer l'évolution historique de plus haut, elle marque la mutation nécessaire entre le mouvement populaire de type ancien tel qu'il culmine en l'an II, et le mouvement révolutionnaire né des contradictions de la société nouvelle.

Comme les Sans-Culottes, comme les Jacobins, Babeuf proclame que le but de la société est le *bonheur commun* et que la Révolution doit assurer l'*égalité des jouissances*. Mais la propriété privée introduisant nécessairement l'inégalité et la *loi agraire*, c'est-à-dire le partage égal des propriétés, ne pouvant « durer qu'un jour » (« dès le lendemain de son établissement l'inégalité se remontrerait »), le seul moyen d'arriver à l'*égalité de fait* est « d'établir l'administration commune ; de supprimer la propriété particulière ; d'attacher chaque homme au talent, à l'industrie qu'il connaît ; de l'obliger à en déposer le fruit en nature au magasin commun ; et d'établir une simple administration des subsistances, qui, tenant registre de tous les individus et de toutes les choses, fera répartir ces dernières dans la plus scrupuleuse égalité ». Ce programme exposé dans le « Manifeste des plébéiens » publié par *Le Tribun du peuple* du 9 frimaire an IV (30 novembre 1795), constituait par rapport aux idéologies jacobine et sans-culotte, caractérisées l'une et l'autre par l'attachement à la petite propriété fondée sur le travail personnel, un renouvellement ou plus exactement une mutation brusque : la *communauté des biens et des travaux* fut la première forme de l'idéologie révolutionnaire de la société nouvelle née de la Révolution elle-même. Par le babouvisme, le communisme, jusque-là rêverie utopique, était érigé en système idéologique ; par la Conjuration des Egaux, il entrait dans l'histoire politique.

Le système babouviste a été qualifié par Georges Lefebvre de « communisme de la répartition ». Sans doute, le problème de la répartition des subsistances, qui pesait d'un si grand poids sur les masses populaires de l'époque, est-il au centre de la réflexion sociale de Babeuf. Mais, commissaire à terrier et feudiste, un moment secrétaire greffier de communauté, Babeuf avait une expérience directe de la paysannerie picarde, de ses problèmes et de ses luttes : le spectacle de communautés villageoises vivaces et combatives, avec leurs droits collectifs et leurs habitudes communautaires, le porta sans doute dès avant la Révolution vers l'égalité de fait et le communisme. Si dans son *Cadastre perpétuel* de 1789 il penchait vers la loi agraire, c'est-à-dire le socialisme des *partageux* selon l'expression de 1848, dans un mémoire de 1785 sur les grandes fermes et dans une lettre de juin 1786 il préconisait l'organisation de « fermes collectives », véritables « communautés fraternelles » : « émietter le sol par parcelles égales entre tous les individus, c'est anéantir la plus grande somme des ressources, qu'il donnerait au travail combiné ». Dès avant la Révolution, Babeuf posait ainsi non seulement le problème de l'égalité réelle des droits et donc de la répartition, mais aussi celui de la production, pressentant la nécessité d'une organisation collective du travail de la terre. Le grand fait de la concentration capitaliste et de l'essor de la production industrielle lui a-t-il échappé ? Sa prédilection pour les formes économiques anciennes, particulièrement artisanales, l'absence dans son œuvre de toute référence à une société communiste fondée sur l'abondance des produits de consommation, expliquent que l'on ait pu parler à son sujet de pessimisme économique. Les traits spécifiques de l'économie de l'époque, le faible degré de la concentration capitaliste et l'absence d'une véritable production de masse expliquent, le tempérament même de Babeuf et son expérience sociale rendent compte qu'il ait été porté à envisager la pénurie et la stagnation des forces productives, plutôt que leur essor et l'abondance. Ainsi se précise la place du babouvisme entre l'utopie communiste moralisante du XVIIIe siècle et le socialisme industriel d'un Saint-Simon.

La Conjuration des Egaux constitua, au cours de l'hiver 1795-1796, la première tentative pour faire entrer le communisme dans la réalité. Son organisation politique marque une rupture avec les méthodes jusque-là employées par le mouvement populaire. Au centre apparaît le groupe dirigeant, s'appuyant sur un petit nombre de militants éprouvés ; puis la frange des sympathisants patriotes et démocrates au sens de l'an II, tenus hors du secret et dont il n'apparaît pas qu'ils aient exactement partagé le nouvel idéal révolutionnaire ; enfin les masses populaires elles-mêmes qu'il s'agit d'entraîner à la faveur de la crise. Conspiration organisatrice par excellence : mais le problème des liaisons nécessaires avec les masses semble avoir été résolu de manière incertaine. Ainsi, par-delà l'expérience de l'insurrection populaire, se précisait la notion de dictature révolutionnaire que Marat avait pressentie sans pouvoir exactement la définir : après la prise du pouvoir par l'insurrection, il serait puéril de s'en remettre à une assemblée élue selon les principes de la démocratie politique, même au suffrage universel ; la dictature d'une minorité révolutionnaire est indispensable, le temps nécessaire à la refonte de la société et à la mise en place des institutions nouvelles. Par Buonarroti, cette idée passa à Blanqui, et c'est vraisemblablement au blanquisme qu'il faut rattacher la doctrine et la pratique léninistes de la dictature du prolétariat.

L'importance de la Conjuration des Egaux et du babouvisme ne peut se mesurer qu'à l'échelle de notre siècle : dans l'histoire du Directoire, elle ne fut qu'un simple épisode. Mais pour la première fois, l'idée communiste était devenue une force politique. Répondant à un vœu de son ami, Buonarroti publia en 1828, dans son exil de Bruxelles, l'histoire de la *Conspiration pour l'Egalité dite de Babeuf* : ce livre exerça une influence profonde ; grâce à lui, le babouvisme s'inscrivit comme un chaînon dans le développement de la pensée communiste et de la pratique révolutionnaire[1].

III. — LA PRATIQUE POLITIQUE : DU LIBÉRALISME DIRECTORIAL À L'AUTORITARISME CONSULAIRE

La dépression économique persista après la catastrophe monétaire, elle pesa lourdement sur toute l'histoire du Directoire. Contre toute attente, la suppression du papier-monnaie ne relança pas l'activité économique. Les marchés demeurèrent déserts : si les paysans cherchaient à vendre, si l'offre était maintenant abondante, les acheteurs se dérobaient, l'argent se cachait. La situation s'était renversée depuis la fin de l'inflation, le consommateur urbain était favorisé au détriment du paysan qui ne trouvait plus son profit. Selon les administrateurs de la Seine en septembre 1798, les habitants de Paris voyaient se réaliser le vœu qu'ils formaient vainement sous l'Ancien Régime : « Le pain à 8 sous, le vin à 8 sous, la viande à 8 sous. » En revanche, les ruraux se lamentaient, les grains étant à vil prix ; la gêne paysanne contribuait, comme à l'ordinaire, au marasme des affaires. L'abondance des récoltes dès 1796, la

1. Le point des études babouvistes est fait par : *Babeuf (1760-1797). Buonarroti (1761-1837). Pour le deuxième centenaire de leur naissance*, publication de la Société des Etudes robespierristes (Nancy, 1961) ; Cl. Mazauric, *Babeuf et la Conspiration pour l'Egalité* (Paris, 1962) ; *Babeuf et les problèmes du babouvisme* (Paris, 1963) ; V. M. Daline, *Gracchus Babeuf (1785-1794)* (Moscou, 1963, en russe).

rareté des espèces métalliques succédant à la pléthore du papier-monnaie expliquent sans doute cette dépression. La concentration urbaine, encore modeste, n'était pas suffisante pour enrayer, par le volume de la demande, la dépréciation des denrées agricoles. Dans ce contexte, les facteurs politiques n'ont joué qu'un rôle fort mince. Mais les conséquences politiques de cette dépression économique de trois à quatre ans (an V - an VII et sans doute an VIII) furent funestes au Directoire. La masse de la population en garda un souvenir amer. Les ruraux et les capitalistes attendirent d'un changement politique la reprise des affaires, les ouvriers de fabrique la fin du chômage. Quant aux fonctionnaires, quel soutien pouvaient-ils apporter à un régime qui les payait irrégulièrement ? Le gouvernement de Bonaparte devait profiter du changement de la conjoncture.

Dans les conditions d'instabilité générale qui, de 1795 à 1799, furent celles du Directoire, le jeu de la Constitution de l'an III ne pouvait être que périlleux.

La division des pouvoirs avait été savamment calculée, l'exécutif privé de l'initiative des lois et sans prise sur la Trésorerie, l'administration locale à nouveau décentralisée, l'instabilité institutionnalisée par le renouvellement annuel de la moitié des municipalités, du tiers des Conseils, du cinquième des administrations départementales et du Directoire exécutif : cela, alors que la Révolution n'était pas stabilisée (les lois d'exception contre les réfractaires et les émigrés subsistaient), que la banqueroute menaçait et que la guerre continuait. Cependant, d'une part, le texte même de la Constitution de l'an III ne laissait pas le Directoire aussi désarmé qu'on l'a dit, et surtout une pratique politique s'instaura en fait par laquelle se précisèrent peu à peu les traits essentiels du système consulaire : des Thermidoriens aux Directoriaux et aux Brumairiens, le régime des notables s'affirma, Brumaire constituant non une rupture, comme le voudrait la légende consulaire, mais une étape décisive.

Le principe libéral de l'élection fut violé dès le départ, la cooptation hypocritement utilisée : de lois d'exception en coups d'Etat, elle faussa le jeu constitutionnel, finalement elle se substitua à l'élection sous le Consulat. Le décret des deux tiers (5 fructidor an III - 22 août 1795) perpétua les Thermidoriens au pouvoir. « En quelles mains sera remis le dépôt sacré de la Constitution ? » Les assemblées électorales devaient choisir les deux tiers des nouveaux députés (500 sur 700) parmi les Conventionnels en exercice ; le décret du 13 fuctidor (30 août) précisa que cette proportion n'étant pas atteinte, les Conventionnels réélus se compléteraient par cooptation. C'était éliminer au profit des Thermidoriens à la fois les anciens Montagnards et l'opposition monarchiste constitutionnelle. Finalement les Conseils directoriaux furent peuplés de 511 conventionnels : les deux tiers prescrits étaient dépassés.

Les « coups d'Etat », qui firent tant pour la fâcheuse réputation du Directoire, s'inscrivent dans cette ligne politique : pour remédier aux à-coups de l'élection, l'exécutif en corrige les résultats par l'annulation ou l'exclusion et la cooptation.

Aux élections de germinal an V (1970), pour le renouvellement du premier tiers sortant des Conseils, dont la moitié des *perpétuels*, les Directoriaux furent écrasés sauf dans une dizaine de départements : onze conventionnels seulement furent réélus, le nouveau tiers renforçait considérablement la droite monarchiste. Par le coup d'Etat du 18 fructidor an V (4 septembre 1797), le Directoire imposa aux Conseils des mesures d'exception : 49 départements virent leurs élections cassées en totalité, d'autres leur représentation mutilée, en tout 177 députés furent éliminés sans être remplacés ; de ceux que l'exécutif épargna, certains démissionnèrent, d'autres se turent.

Pour les élections de l'an VI (1798), cette pratique se perfectionna et revêtit certains traits qui persistèrent très avant dans le XIXe siècle. L'enjeu était d'importance : les exclusions avaient finalement porté à 437 le nombre des sièges à pourvoir, parmi lesquels ceux de la seconde moitié des *perpétuels*. Par précaution, dès le 12 pluviôse an VI (31 janvier 1798), les Conseils s'attribuèrent la prochaine vérification des pouvoirs : les 236 conventionnels sortants procéderaient, avec les 297 députés restants, à l'épuration des nouveaux élus. Soigneusement préparées par le gouvernement qui multiplia les pressions administratives, les élections furent marquées par de nombreuses scissions dans les assemblées électorales, qui permirent au Directoire de faire valider qui lui plaisait : les Directoriaux soutinrent, dans les Conseils, les élus des assemblées scissionnaires et demandèrent leur validation. La majorité des Cinq-Cents adopta la liste des nouveaux élus à exclure, les Anciens s'inclinèrent. Finalement, la loi du 22 floréal an VI (11 mai 1798) cassa les élections dans 8 départements, valida les élus des assemblées scissionnaires dans 19 départements, écarta 60 élus parce que juges ou administrateurs : en tout, 106 députés furent *floréalisés*. Par contre, 191 candidats gouvernementaux entrèrent dans les Conseils : 85 commissaires et fonctionnaires à la nomination du Directoire, 106 juges ou administrateurs théoriquement élus, mais dont beaucoup avaient été mis en place par le gouvernement. Quand il n'était pas nié par l'exclusion et la cooptation, le régime représentatif était vicié par la candidature officielle des agents du pouvoir : pratique appelée à un long avenir dans l'histoire politique de la France.

Le 30 prairial an VII (18 juin 1799) constitue moins un coup d'Etat qu'une journée parlementaire : les Conseils prirent leur revanche en contraignant légalement deux directeurs à démissionner.

Brumaire, par contre, s'inscrit dans la ligne de fructidor et de floréal : le soir même du coup d'Etat de Bonaparte, le 19 brumaire an VIII (10 novembre 1799), la majorité des Anciens et la minorité des Cinq-Cents exclurent de la représentation nationale, « pour les excès et les attentats auxquels ils se sont constamment portés », 62 députés, et cooptèrent deux Commissions de 25 membres chacune chargées de préparer

« les changements à porter aux dispositions organiques dont l'expérience a fait sentir les vices et les inconvénients ». L'hypocrite pratique constitutionnelle du Directoire trouvait ici son aboutissement.

Déjà, dès le printemps de l'an V (1797), Benjamin Constant avait publié un ouvrage, *Des réactions politiques*, où il réclamait « la force et la stabilité du gouvernement ». Dès après le 22 floréal, Daunou, pourtant l'un des auteurs de la Constitution de l'an III, s'était élevé contre la fréquence d'élections qui, chaque année, remettaient tout en question. Le principe de la souveraineté demeurait intangible : la bourgeoisie thermidorienne ne pouvait y renoncer sans se renier elle-même et faire le jeu des partisans du droit divin. Il s'agissait donc de le concilier avec les exigences d'un exécutif stable et fort. Sieyès imagina de corriger l'élection par la cooptation : les corps constitués se recruteraient par cooptation parmi les notabilités, dont les listes seraient dressées par le peuple, souverain auquel on restituait hypocritement le suffrage universel. Bonaparte ne pouvait qu'approuver : la cooptation caractérisa la Constitution consulaire de l'an VIII (24 décembre 1799). Le Sénat se compléta par cooptation ; il nomma à l'origine les membres du Tribunat et du Corps législatif; ultérieurement ces choix se feraient sur les listes de *notabilités* élues au suffrage universel à plusieurs degrés. En fait, ces listes, dressées en l'an IX, ne servirent jamais ; elles furent supprimées par la Constitution de l'an X (16 août 1802) et remplacées par des collèges électoraux. « Les principes de notre nouveau droit électoral, déclarait Lucien Bonaparte, le 24 mars 1803, ne reposent plus sur des idées chimériques, mais sur la base même de l'association civile, sur la propriété qui inspire un sentiment conservateur de l'ordre public. » Bonaparte avait déjà proclamé plus simplement : « Moi seul suis le représentant du peuple. »

Le rétablissement de la centralisation marcha de pair. Porté généralement au crédit de Bonaparte, il avait été lui aussi préparé par la pratique directoriale. L'organisation administrative de l'an III demeurait plus centralisée qu'on ne l'a dit. Les petites communes rurales furent groupées sous la direction d'administrations municipales de canton, tandis que les grandes villes, Paris en particulier, perdant avec leur commune et leur maire, leur autonomie, étaient divisées en plusieurs municipalités. Le district disparut. Au niveau du département, le Conseil fut supprimé au profit d'une administration centrale de cinq membres. L'autorité ainsi concentrée, les administrations furent hiérarchisées les unes par rapport aux autres, les municipales subordonnées aux départementales et celles-ci aux ministres. Le Directoire avait le pouvoir de casser sans appel les décisions des administrations locales, de révoquer leurs membres, de les remplacer en cas de destitution totale, la cooptation étant de règle pour les remplacements partiels. Surtout l'exécutif était représenté auprès de chaque administration départementale ou municipale par un *commissaire* nommé et révocable. Les commissaires du Directoire requièrent l'exécution des lois, assistent aux délibérations des assemblées, surveillent les fonctionnaires. Face à des administrations renouvelables par fraction chaque année, ils assurent une certaine stabilité. Plus encore, le commissaire départemental, correspondant directement avec le ministre de l'Intérieur, dirigeant les bureaux, donnant des ordres aux commissaires municipaux, préfigure le préfet consulaire. La Constitution de l'an III accordait encore au Directoire des prérogatives considérables : il détient le pouvoir réglementaire, c'est-à-dire le droit de prendre des arrêtés ; il dirige la diplomatie et conclut les traités, même secrets ; il dispose de la force armée et nomme les généraux en chef ; responsable de la sûreté intérieure de la République, il peut décerner des mandats d'amener et des mandats d'arrêt. Ces pouvoirs peuvent paraître minces au regard de la « force coactive », dont disposait le régime de l'an II, et l'on était encore loin de la centralisation consulaire : mais ce n'était plus la décentralisation totale de la Constitution de 1791.

Dans la pratique, la continuité autoritaire et centralisatrice s'affirma par à-coups sans doute et en violation de la Constitution, mais avec netteté. Après Fructidor, les juridictions d'exception reparurent sous la forme de commissions militaires ; la centralisation fut renforcée par l'annulation des élections et les destitutions qui, dans de nombreux départements, permirent de renouveler le personnel administratif à la satisfaction du pouvoir central, qui reçut de surcroît le droit d'épurer les tribunaux. Le coup d'Etat du 22 floréal an VI (11 mai 1798) permit un nouveau renforcement de l'exécutif qui, non content d'avoir peuplé les Conseils de fonctionnaires à sa nomination, se vit encore octroyer le droit de pourvoir jusqu'en l'an VIII aux vacances des justices de paix et des tribunaux criminels. Jouissant pendant la vingtaine de mois qui suivit le 18 fructidor (4 septembre 1797), d'une stabilité accrue et d'une plus grande autorité, le Directoire jeta, par les lois de l'an VII, les bases d'une réorganisation financière qui aboutit sous le Consulat, les solutions ayant été dès l'abord suggérées : création d'une administration autonome des contributions directes par la loi du 22 brumaire an VI (12 novembre 1797), retour aux contributions indirectes, subordination de la Trésorerie à l'exécutif. Si la « journée » du 30 prairial an VII (18 juin 1799) parut donner la haute main au Corps législatif sur le Directoire, si elle permit le renouvellement du personnel gouvernemental au gré du pouvoir législatif, le pouvoir exécutif n'en fut ni subordonné ni affaibli.

***

Tout cependant demeurait en suspens. Après Campoformio, l'Angleterre restait seule en ligne contre la France. Le maintien de la paix continentale, difficilement restaurée, eût exigé une diplomatie prudente : le Directoire s'engagea dans une politique d'expansion continentale qui ruina toutes les chances de stabilisation extérieure et compromit l'effort intérieur de réforme. La seconde coalition se noua à la fin de l'année 1798, la guerre reprit au printemps 1799, tandis que la contre-révolution intérieure tentait un nouvel assaut. Si la journée du 30 prairial an VII (18 juin 1799) et la campagne de l'été 1799 permirent un redressement, au printemps de l'an VIII (1800) des élections auraient lieu à nouveau : succès royaliste ou succès jacobin, la stabilité gouvernementale pourrait une fois encore être remise en question. Le coup d'Etat du 18 brumaire trancha le problème.

Selon un placard affiché dans Paris et que signale *Le Moniteur* du 24 brumaire (14 novembre 1799), « la France veut quelque chose de grand et de durable. L'instabilité l'a perdue, c'est la fixité qu'elle invoque... Elle veut l'unité dans l'action du pouvoir qui exécutera les lois ». La Constitution de l'an VIII, confiant la plénitude de la puissance exécutive au Premier Consul, mit fin à l'équivoque directoriale d'une dictature larvée. Elle apparaît, de ce point de vue encore, comme l'aboutissement d'une évolution nécessaire. L'autorité incontestable que la Constitution de l'an III avait accordée au Directoire, avait été consolidée et élargie sous le poids des circonstances, soit par l'exécutif lui-même, soit par le législatif, toujours à titre provisoire, mais avec une telle fréquence que la pratique en devint normale. Extension du pouvoir réglementaire, nomination des administrateurs et des juges, recours aux mesures policières : le régime consulaire n'eut pas à innover. Les constitutions directoriales imposées aux républiques-sœurs, en Hollande, en Suisse ou à Rome, avaient déjà renforcé l'exécutif. La Constitution de l'an VIII consacra la subordination définitive du législatif, qu'avait vainement poursuivie le Directoire. En concentrant le pouvoir aux mains du Premier Consul, volonté une et stable, elle permit l'achèvement de la réorganisation administrative par les grandes lois de l'an VIII et la stabilisation sociale que le Directoire s'était assigné comme but dès sa proclamation du 14 brumaire an IV (5 novembre 1795) : « Remettre l'ordre social à la place du chaos inséparable des révolutions. »

Du Directoire au Consulat, et malgré des apparences embellies par la légende, la continuité s'affirme. La guerre continuant et la contre-révolution s'entêtant, une nécessité interne portait à la concentration des pouvoirs, afin d'assurer la consolidation sociale bourgeoise : relayant la république des notables, la dictature consulaire devait y pourvoir. Mais si elle entendait renforcer l'exécutif et rétablir l'unité dans l'action gouvernementale, la bourgeoisie brumairienne ne renonçait pas à l'exercice des libertés politiques pourvu que ce fût à son seul profit. L'événement déjoua son calcul.

CONCLUSION

LA RÉVOLUTION FRANÇAISE DANS L'HISTOIRE DU MONDE CONTEMPORAIN

I. — LE RÉSULTAT DE LA RÉVOLUTION

Après dix années de péripéties révolutionnaires, la réalité française apparaissait transformée de manière fondamentale.

L'aristocratie d'Ancien Régime a été détruite dans ses privilèges et sa prépondérance, la féodalité abolie. En faisant table rase de toutes les survivances féodales, en affranchissant les paysans des droits seigneuriaux et des dîmes ecclésiastiques, dans une certaine mesure aussi des contraintes communautaires, en détruisant les monopoles corporatifs et en unifiant le marché national, la Révolution française marqua une étape décisive dans la transition du féodalisme au capitalisme. Son aile marchante fut moins la bourgeoisie commerçante (dans la mesure où elle demeurait uniquement commerçante et intermédiaire, elle s'accommodait de l'ancienne société : de 1789 à 1793, elle tendit généralement au compromis) que la masse des petits producteurs directs dont l'aristocratie féodale accaparait le surtravail ou le surproduit en s'appuyant sur l'appareil juridique et les moyens de contrainte de l'Etat d'Ancien Régime. La révolte des petits producteurs, paysans et artisans, porta les coups les plus efficaces à l'ancienne société.

Non que cette victoire sur la féodalité ait signifié l'apparition simultanée de nouveaux rapports sociaux. Le passage au capitalisme ne constitue pas un processus simple par lequel les éléments capitalistes se développent au sein de l'ancienne société, jusqu'au moment où ils sont assez forts pour en briser les cadres. Il faudra longtemps encore pour que le capitalisme s'affirme définitivement en France : ses progrès furent lents pendant la période révolutionnaire, la dimension des entreprises demeurant souvent modeste, le capital commercial prépondérant. Mais la ruine de la propriété foncière féodale et du système corporatif et réglementaire libéra les petits ou moyens producteurs directs ; elle accéléra le processus de différenciation de classes dans la communauté rurale comme dans l'artisanat urbain, et la polarisation sociale entre capital et travail salarié. Ainsi fut finalement assurée l'autonomie du mode de production capitaliste aussi bien dans le domaine de l'agriculture que dans celui de l'industrie, et frayée sans compromis la voie aux rapports bourgeois de production et de circulation : transformation par excellence révolutionnaire[1].

Tandis que s'opéraient la différenciation de l'économie des petits ou moyens producteurs et la dissociation de la paysannerie et de l'artisanat, l'équilibre interne de la bourgeoisie se modifiait. A la prépondérance traditionnelle dans ses rangs de la fortune acquise se substituait celle des hommes d'affaires et des chefs d'entreprises. La spéculation, l'équipement, l'armement et le ravitaillement des armées, l'exploitation des pays conquis leur fournissaient de nouvelles chances de multiplier leur profit ; la liberté économique ouvrait la voie à la concentration des entreprises. Bientôt, délaissant la spéculation, ces hommes d'affaires qu'animaient le goût du risque et l'esprit d'initiative

1. Sur ces problèmes, voir M. Dobb, *Studies in the Development of Capitalism* (Londres, 1946) ; H. K. Takahashi, *Shimin Kakumei no Kozō* [Structure de la révolution bourgeoise] (Tokyo, 1951) (compte rendu par Ch. Haguenauer, *Revue historique*, n° 434, avril-juin 1955, p. 345).

investirent leurs capitaux dans la production, contribuant eux aussi pour leur part à l'essor du capitalisme industriel.

Bouleversant les structures économiques et sociales, la Révolution française brisait en même temps l'armature étatique de l'Ancien Régime, balayant les vestiges des anciennes autonomies, détruisant les privilèges locaux et les particularismes provinciaux. Elle rendit ainsi possible, du Directoire à l'Empire, l'instauration d'un Etat moderne répondant aux intérêts et aux exigences de la bourgeoisie.

De ce double point de vue, la Révolution française fut loin de constituer un mythe, comme on l'a prétendu[1]. Sans doute la *féodalité* au sens médiéval du mot ne répondait plus à rien en 1789 : mais pour les contemporains, paysans aussi bien que bourgeois, ce terme abstrait recouvrait une réalité qu'ils connaissaient fort bien (droits féodaux, autorité seigneuriale) et qui fut finalement balayée. Que d'autre part les Assemblées révolutionnaires aient été peuplées pour l'essentiel d'hommes de profession libérale et de fonctionnaires publics, non de chefs d'entreprise, de financiers ou de manufacturiers, en un mot de capitalistes, on n'en peut tirer argument contre l'importance de la Révolution française dans l'instauration de l'ordre capitaliste : outre que ces derniers furent représentés par une petite minorité fort active, outre l'importance des groupes de pression (députés du commerce, club Massiac défenseur des intérêts coloniaux), le fait essentiel est que l'ancien système économique et social fut détruit et que la Révolution française proclama sans aucune restriction la liberté d'entreprise et de profit, déblayant ainsi la voie devant le capitalisme. L'histoire du XIXe siècle démontre que ce ne fut pas là un mythe.

1. Alfred Cobban, *The Myth of the French Revolution* (Londres, 1955). Du même auteur, et du même point de vue, *The social interpretation of the French Revolution* (Cambridge, 1964). Voir Georges Lefebvre, Le mythe de la Révolution française, *Annales historiques de la Révolution française*, 1956, p. 337.

II. — RÉVOLUTION FRANÇAISE ET RÉVOLUTIONS BOURGEOISES

Etape nécessaire de la transition générale du féodalisme au capitalisme, la Révolution française n'en conserve pas moins, au regard des diverses révolutions similaires, ses caractères propres qui tiennent à la structure spécifique de la société française à la fin de l'Ancien Régime.

Ces caractères ont été niés. La Révolution française ne serait « qu'un aspect d'une révolution occidentale, ou plus exactement atlantique, qui a commencé dans les colonies anglaises d'Amérique, peu après 1763, s'est prolongée par les révolutions de Suisse, des Pays-Bas, d'Irlande, avant d'atteindre la France entre 1787 et 1789. De France, elle a rebondi aux Pays-Bas, a gagné l'Allemagne rhénane, la Suisse, l'Italie »...[1]. Sans doute, on ne peut sous-estimer l'importance de l'Océan dans la rénovation de l'économie et dans l'exploitation des pays coloniaux par l'Occident. Mais là n'est pas le propos de nos auteurs, ni de montrer que la Révolution française n'est qu'un épisode du mouvement général de l'histoire qui, après les Révolutions néerlandaise, anglaise et américaine, porta la bourgeoisie au pouvoir. La Révolution française ne marque d'ailleurs pas le terme géographique de cette transformation, comme les qualificatifs ambigus d'« atlantique » ou d'« occidental » le donnent à entendre : au XIXe siècle, partout où s'est installée l'économie capitaliste, l'ascension de la bourgeoisie a marché de pair ; la révolution bourgeoise fut de portée universelle. D'autre part,

1. Jacques Godechot, *La Grande Nation. L'expansion révolutionnaire de la France dans le monde, 1789-1799* (Paris, 1956, 2 vol.), t. I, p. 11. Imaginée par R. R. Palmer, The World Revolution of the West, *Political Science Quarterly*, 1954, la conception d'une révolution « occidentale » ou « atlantique » a été reprise par J. Godechot et R. R. Palmer, Le problème de l'Atlantique du XVIIIe au XXe siècle, *X Congresso Internazionale di Scienze storiche. Relazioni* (Firenze, 1955), t. V, p. 175-239 ; R. R. Palmer, *The Age of the Democratic Revolution. A political History of Europe and America, 1760-1800*, t. I : *The Challenge* (Princeton, 1959) ; Jacques Godechot, *Les Révolutions (1770-1799)* (Paris, Presses Universitaires de France, 2e éd., 1965, coll. « Nouvelle Clio »).

à mettre sur le même plan la Révolution française et « les révolutions de Suisse, des Pays-Bas et d'Irlande »..., on minimise étrangement la profondeur, les dimensions de la première et la mutation brusque qu'elle constitua. Cette conception, en vidant la Révolution française de tout contenu spécifique, économique, social et national, tiendrait pour nul un demi-siècle d'historiographie révolutionnaire, de Jean Jaurès à Georges Lefebvre.

Tocqueville avait cependant ouvert la voie à la réflexion, lorsqu'il demandait « pourquoi des principes analogues et des théories politiques semblables n'ont mené les Etats-Unis qu'à un changement de gouvernement et la France à une subversion totale de la société ». Poser le problème en ces termes, c'est dépasser l'aspect superficiel d'une histoire politique et constitutionnelle, pour s'efforcer d'atteindre les réalités économiques et sociales dans leur spécificité nationale. La comparaison qui peut dès lors s'instaurer entre les conditions et les aspects de la mutation aux Pays-Bas, en Angleterre, aux Etats-Unis, permet de souligner en quoi la Révolution française en a modifié les perspectives, et de lui restituer ainsi son caractère irréductible.

Si la « respectable » Révolution anglaise de 1688 aboutit à un compromis social et politique qui associa au pouvoir bourgeoisie et aristocratie foncière (et en ce sens cet épisode serait comparable aux journées françaises de juillet 1830), c'est qu'auparavant la première Révolution anglaise du XVIIe siècle avait non seulement remplacé une monarchie absolue en puissance par un gouvernement représentatif (non démocratique) et mis fin à la domination exclusive d'une Eglise d'Etat persécutrice, mais encore largement déblayé la route pour le développement du capitalisme : selon l'un de ses plus récents historiens, « elle mit le point final au Moyen Age »[1]. Les derniers vestiges

1. Christopher Hill, La Révolution anglaise du XVIIe siècle (Essai d'interprétation), *Revue historique*, n° 449, 1959, p. 5-32. Voir essentiellement les travaux du même auteur, véritable chef d'école : avec M. James et E. Rick-

de la féodalité furent balayés, les tenures féodales abolies, assurant à la classe des propriétaires fonciers l'absolue possession de leurs biens ; les confiscations et les ventes des domaines de l'Eglise, de la couronne et des royalistes brisèrent les traditionnelles relations féodales dans les campagnes, et accélérèrent l'accumulation du capital ; les corporations perdirent toute importance économique ; les monopoles commerciaux, financiers et industriels furent abolis. « L'Ancien Régime devait être renversé, écrit Ch. Hill, pour que l'Angleterre puisse connaître ce développement économique plus libre, nécessaire afin de porter au maximum la richesse nationale et lui obtenir une position dirigeante dans le monde ; pour que la politique, y compris la politique étrangère, passe sous le contrôle de ceux qui avaient de l'importance dans la nation. »

La Révolution anglaise fut cependant beaucoup moins radicale que la française : pour reprendre l'expression de Jaurès dans son *Histoire socialiste*, elle demeura « étroitement bourgeoise et conservatrice », au contraire de la française « largement bourgeoise et démocratique ». Si la Révolution anglaise eut ses *Niveleurs*, elle n'assura aux paysans aucune prise sur la terre : bien plus, la paysannerie anglaise disparut au siècle suivant. La raison de ce conservatisme serait à rechercher dans la nature rurale du capitalisme anglais, qui fit de la *gentry* une classe partagée, de nombreux gentilshommes étant avant 1640, activement engagés dans l'élevage du mouton, l'industrie drapière ou l'exploitation minière. Si, d'autre part, la Révolution anglaise vit, avec les Niveleurs, l'apparition de théories politiques fondées sur les droits de l'homme, qui, à travers Locke, furent transmises aux révolutionnaires d'Amérique et de France, elle se garda cependant de proclamer l'universalité et l'égalité

word, *The English Revolution, 1640* (Londres, 1940, rééd. partielle 1949) ; avec E. Dell, *The Good Old Cause* (Londres, 1949) ; *The Century of Revolution, 1603-1714* (Londres, 1961) ; enfin *Society and Puritanism in pre-revolutionary England* (Londres, 1964).

de ces droits, comme devait le faire, et avec quel éclat, la Révolution française.

Comme sa devancière, mais à moindre degré, la Révolution américaine fut marquée par l'empirisme. Malgré l'invocation du droit naturel et de solennelles Déclarations, la liberté ni l'égalité ne furent totalement reconnues : les Noirs demeurèrent esclaves, et si l'égalité des droits fut admise entre Blancs, la hiérarchie sociale fondée sur la richesse n'en subit aucune atteinte. La « démocratie » en Amérique fut certes le gouvernement de la nation, mais ses modalités n'en favorisaient pas moins les notables de l'argent.

Les Révolutions d'Angleterre et d'Amérique n'en exercèrent pas moins une profonde influence et leur prestige se maintint longtemps : leur compromis politique conservateur avait de quoi rassurer les classes possédantes plus soucieuses de liberté que d'égalité.

Tout autre fut la Révolution française. Si elle fut la plus éclatante des révolutions bourgeoises, éclipsant par le caractère dramatique de ses luttes de classes les révolutions qui l'avaient précédée, elle le dut sans doute à l'obstination de l'aristocratie ancrée sur ses privilèges féodaux, se refusant à toute concession, et à l'acharnement contraire des masses populaires. La contre-révolution aristocratique obligea la bourgeoisie révolutionnaire à poursuivre non moins obstinément la destruction totale de l'ordre ancien. Mais elle n'y parvint qu'en s'alliant avec les masses rurales et urbaines à qui il fallut donner satisfaction : la féodalité fut détruite, la démocratie instaurée. L'instrument politique de la mutation fut la dictature jacobine de la petite et moyenne bourgeoisie, appuyée sur les masses populaires : catégories sociales dont l'idéal était une démocratie de petits producteurs autonomes, paysans et artisans indépendants, travaillant et échangeant librement. La Révolution française s'assigna ainsi une place singulière dans l'histoire moderne et contemporaine : la révolution paysanne et populaire était au cœur de la révolution bourgeoise et la poussait en avant.

Ces caractères rendent compte du retentissement de la Révolution française et de sa valeur d'exemple dans l'évolution du monde contemporain. Sans doute, dans les pays d'Europe qu'elles occupèrent, ce furent les armées de la République, puis celles de Napoléon qui, plus que la force des idées, abattirent l'Ancien Régime : en abolissant le servage, en libérant les paysans des redevances seigneuriales et des dîmes ecclésiastiques, en remettant dans la circulation les biens de mainmorte, la conquête française fit place nette pour le développement du capitalisme. Plus encore, c'est par l'expansion même du capitalisme, conquérant par nature, que les principes nouveaux et l'ordre bourgeois s'emparèrent du monde, imposant partout les mêmes transformations.

La diversité des structures nationales, l'inégalité du rythme de développement entraînèrent naturellement d'un pays à l'autre bien des nuances dont témoignent de multiples modalités dans la formation de la société moderne capitaliste. En particulier, lorsque l'évolution vers les méthodes capitalistes de production fut imposée pour ainsi dire d'en haut, le processus de passage fut arrêté à mi-chemin et l'ancien mode de production s'en trouva en partie sauvegardé plutôt que détruit : voie de compromis dont l'histoire du XIXe siècle offre d'éclatants exemples. Le caractère irréductible de la Révolution française n'en paraît, par comparaison, que plus net.

Les mouvements d'unification nationale que connut l'Europe au XIXe siècle doivent, à plus d'un titre, être considérés comme révolutions bourgeoises. Quelle que soit en effet l'importance du facteur national dans le Risorgimento ou l'Unité allemande, les forces nationales n'auraient pu aboutir à la création d'une société moderne et d'un Etat unitaire, si l'évolution économique interne n'avait tendu au même but. Toutes les difficultés rencontrées dans l'analyse historique, et qui ont entraîné bien des confusions, tiennent à ce que ces mouvements constituent, à la différence de la Révolution française, des révolutions de type mixte, à la fois national et social.

Dans l'un de ses plans de travail, en prison, Gramsci notait ce thème de réflexion : « L'absence de jacobinisme dans le Risorgimento »[1]. Définissant le jacobinisme en particulier par l'alliance de la bourgeoisie révolutionnaire et des masses paysannes, Gramsci soulignait par là que le Risorgimento, révolution bourgeoise, n'avait pas constitué une révolution aussi radicale que, grâce aux Jacobins, la Révolution française ; c'était encore poser le problème du contenu économique et social de l'une et de l'autre. Dans la mesure où le Risorgimento a « manqué », selon l'expression de Gramsci, sa révolution populaire et particulièrement paysanne, dans cette mesure il s'éloigne de la révolution bourgeoise de type classique, dont la Révolution française présente le modèle. Ce refus de la bourgeoisie italienne de s'allier, à l'époque de l'unification, avec la paysannerie, alliance révolutionnaire par excellence, le compromis qui par suite l'emporta dans la réalisation de l'unité nationale entre aristocratie féodale et bourgeoisie capitaliste, il faut en rechercher les origines un demi-siècle auparavant dans les solutions alors apportées au problème agraire. Par les réformes qui, à la fin du XVIIIe siècle et au début du XIXe, particulièrement sous l'occupation française, mais de manière diverse suivant les région, précédèrent l'Unité italienne, le régime seigneurial fut aboli, mais n'en subsista pas moins dans la société italienne moderne une grande propriété foncière aristocratique. Alors

1. Voir les pages concernant le Risorgimento, dans Antonio Gramsci, *Œuvres choisies* (Paris, 1959) ; R. Zangheri, La mancata rivoluzione agraria nel Risorgimento e i problemi economici dell' unità, dans *Studi Gramsciani* (Roma, 1958) ; Albert Soboul, Risorgimento e rivoluzione borghese : schema di una direttiva di ricerca, dans *Problemi dell' Unità d'Italia. Atti del II Convegno di studi gramsciani* (Roma, 1962). A titre comparatif, Witold Kula, L'origine de l'alliance entre la bourgeoisie et les propriétaires fonciers dans la première moitié du XIXe siècle, dans *La Pologne au Xe Congrès international des Sciences historiques à Rome* (Warszawa, 1955) ; du même auteur : Secteurs et régions arriérés dans l'économie du capitalisme naissant, dans *Problemi dell' Unità d'Italia*, ouvrage cité-ci-dessus.

que, par suite de la Révolution, la paysannerie française se dissociait irrémédiablement, la masse paysanne italienne demeurait dans la condition du travailleur agricole attaché à la terre ou du métayer traditionnel : les anciens liens de dépendance persistèrent. En France, la bourgeoisie révolutionnaire avait finalement soutenu la lutte de la paysannerie contre la féodalité et maintenu cette alliance jusqu'à sa liquidation : en Italie, face aux masses paysannes, se souda le bloc de l'aristocratie foncière et de la bourgeoisie capitaliste. L'Unité italienne maintint la subordination de la masse paysanne au système oligarchique des grands propriétaires et de la haute bourgeoisie, sur la base d'une propriété foncière de type aristocratique. Il ne pouvait être question pour les libéraux modérés, artisans de cette Unité, et Cavour tout le premier dont le seul nom symbolise cette communauté d'intérêts, de suivre la voie révolutionnaire française : le soulèvement des masses paysannes eût mis en péril leur domination politique.

Les conséquences en furent importantes dans la formation du capitalisme italien. Il ne s'est pas constitué en Italie, à la différence de la France, une large couche de propriétaires libres et indépendants, produisant pour le marché ; la rente en nature continua à prévaloir et persista la dépendance de la production par rapport au marché et au gain commercial. Ainsi se caractérisa la voie italienne de passage au capitalisme : voie de transaction qui maintint la subordination du capital industriel au capital commercial, voie de compromis qui aboutit à un capitalisme oligarchique à tendances monopolistes.

Un processus semblable caractérisa, sous des modalités différentes, l'unification allemande. Pour prendre un exemple hors d'Europe, la Révolution de Meiji constitue elle aussi, pour le Japon, le point de départ de la formation de la société capitaliste, se situant par là dans la ligne fondamentale de la Révolution française. Commencée en 1867, elle aboutit, après une dizaine d'années de troubles, à la dissolution de l'ancien régime féodal et seigneurial, et à la modernisation de l'Etat[1]. Les forces extérieures n'auraient pu moderniser la société japonaise si l'évolution économique interne n'avait tendu au même résultat : en d'autres termes, le système de production capitaliste était déjà en gestation dans l'économie féodale du Japon. La spécificité de la Révolution de Meiji tient en particulier à cette convergence d'une évolution interne et de pressions extérieures. Sans doute, pour analyser ce processus historique serait-il nécessaire de caractériser d'abord la féodalité de Tokugawa et la crise structurelle qu'elle connaissait depuis le XVIIIe siècle. A la veille de la Révolution, s'affirmait de plus en plus fortement l'opposition de la paysannerie, surtout des paysans moyens, et des petits et moyens fabricants, contre le système monopoliste des grands négociants et financiers alliés des pouvoirs seigneuriaux et des grands paysans propriétaires *(jinushi)* non exploitants qui percevaient la rente en nature. L' « ouverture » du pays sous la pression des Etats-Unis et de l'Europe précipita l'évolution, mais sans qu'aient eu le temps de mûrir de manière autonome et suffisante les conditions internes, économiques et sociales, nécessaires à la révolution bourgeoise.

L'abolition du régime seigneurial fut réalisée sous la forme d'un compromis : les droits féodaux, contrairement au cas de la Révolution française, furent supprimés avec indemnité ; la charge retomba finalement sur les paysans assujettis aux nouveaux impôts fonciers en argent *(chiso)*. Les paysans propriétaires *(hon-byakusho)* furent libérés des liens féodaux de dépendance ; mais ils demeurèrent contribuables de ces nouveaux impôts, charge à peu près identique à celle des anciennes redevances seigneuriales en nature. Par ailleurs, ils n'eurent aucune occasion d'acquérir des terres, comme les paysans français par la vente des biens nationaux. Les campagnes japo-

1. Nous suivons ici essentiellement les interprétations de H. K. Takahashi, La place de la Révolution de Meiji dans l'histoire agraire du Japon, *Revue historique*, octobre-décembre 1953, p. 229-270. Voir aussi S. Toyama, *Meiji Ishin* [Restauration de Meiji] (Tokyo, 1951).

naises ne connurent ni les laboureurs « à cabriolet », ni les paysans aisés du type *kulak*. Quant à la masse des paysans, journaliers agricoles *(mizunomi)*, mais aussi petits fermiers *(kosaku)*, leur affranchissement fut une opération blanche : une fois les grands propriétaires fonciers *(jinushi)* devenus, grâce à la réforme agraire, véritablement propriétaires de leurs terres et contribuables de l'impôt foncier en argent, les cultivateurs immédiats *(kosaku)*, loin d'être affranchis, continuèrent à payer aux *jinushi* la rente annuelle en nature. Ainsi se maintinrent les rapports traditionnels de dépendance et l'exploitation du surtravail des *kosaku*, sous la garantie de l'Etat et de ses moyens de contrainte.

Les paysans propriétaires et exploitants « affranchis » par la Révolution de Meiji ne peuvent donc se comparer aux paysans propriétaires libres et indépendants, issus en Europe occidentale de la décomposition de la propriété foncière féodale : il n'y eut au Japon ni *yeomanry* comme en Angleterre, ni paysannerie moyenne comme en France, ni *junker* comme en Prusse. La paysannerie japonaise fut subordonnée au système oligarchique de la grande bourgeoisie privilégiée et des propriétaires *jinushiens* de type semi-féodal : la nouvelle société capitaliste sauvegarda l'essentiel des rapports féodaux de production. Ainsi s'explique, les circonstances de l'ouverture du pays sous la pression étrangère aidant, que la Révolution de Meiji ait abouti à la formation d'une monarchie absolutiste et oligarchique : à la différence de la Révolution française qui détruisit l'Etat absolutiste et permit l'instauration d'une société démocratique bourgeoise. Malgré le développement du capitalisme moderne, ces vestiges persistèrent jusqu'à la réforme agraire de 1945 *(nōchi kaïkaku)* qui se donna précisément pour tâche l'affranchissement « des paysans japonais opprimés plusieurs siècles sous les charges féodales » : ce qui prouve après coup, écrit K. Takahashi, que « la Révolution de Meiji et ses réformes agraires n'avaient pas accompli la tâche historique de la révolution bourgeoise de supprimer les rapports économiques et sociaux féodaux ».

***

La Révolution française s'assigne ainsi une place exceptionnelle dans l'histoire du monde contemporain. Révolution bourgeoise classique, elle constitue, par l'abolition du régime seigneurial et de la féodalité, le point de départ de la société capitaliste et de la démocratie libérale dans l'histoire de la France. Révolution paysanne et populaire, parce qu'antiféodale sans compromis, elle tendit par deux fois à dépasser ses limites bourgeoises : en l'an II, tentative qui, malgré l'échec nécessaire, conserva longtemps valeur prophétique d'exemple, et lors de la Conspiration pour l'Egalité, épisode qui se situe à l'origine féconde de la pensée et de l'action révolutionnaires contemporaines. Ainsi s'expliquent sans doute ces vains efforts pour dénier à la Révolution française, précédent dangereux, sa réalité historique ou sa spécificité sociale et nationale. Mais ainsi s'expliquent aussi le tressaillement qu'a ressenti le monde et le retentissement de la Révolution française dans la conscience des hommes de notre siècle. Ce souvenir, à lui seul, est révolutionnaire : il nous exalte encore.

Bibliographie

D'une bibliographie surabondante, nous ne retiendrons ici que les ouvrages généraux qui marquèrent dans l'historiographie de la Révolution française ou qui font le point actuel de nos connaissances.

De l'ensemble des histoires de la Révolution française parues au XIXe siècle, émerge pour ses qualités littéraires celle de Michelet (1847-1853). De premier plan pour la compréhension profonde de la période, mais ne présentant pas un récit suivi, A. de Tocqueville, *L'Ancien Régime et la Révolution* (1856, nouvelle édition avec une introduction de G. Lefebvre, 1952). *Les origines de la France contemporaine* (1876-1893) de Taine se caractérisent par un violent parti pris anti-révolutionnaire.

Les études d'histoire révolutionnaire reçurent une impulsion nouvelle à la fin du XIXe siècle et au début du XXe : A. Aulard, *Histoire politique de la Révolution française* (1901) ; surtout J. Jaurès, *Histoire socialiste*, t. I-IV (1901-1904 ; édition par A. Mathiez, 1922-1924, réimprimée en 1939 ; édition critique par A. Soboul, 1968-1973, t. I-VI, plus index) ; Ph. Sagnac, *La Révolution, 1789-1792*, et G. Pariset, *La Révolution, 1792-1799* (Paris, 1920, t. I et II de l'*Histoire de la France contemporaine* sous la direction d'E. Lavisse) ; A. Mathiez, *La Révolution française* (1922-1927, 3 vol., coll. « A. Colin »), continuée par G. Lefebvre, *Les Thermidoriens* (1937, 4e éd. revue, 1960), et *Le Directoire* (1946, 3e éd. revue, 1958).

Essentiellement, G. Lefebvre, *La Révolution française* (1951, t. XIII de la coll. « Peuples et civilisations », 6e éd. revue et mise à jour par A. Soboul, 1968), et l'ensemble de l'œuvre du même historien, des *Paysans du Nord pendant la Révolution française* (1924, rééd. 1959) aux *Etudes sur la Révolution française* (1954, rééd. 1963). Brillante esquisse d'E. Labrousse dans *Le XVIIIe siècle. Révolution intellectuelle, technique et politique (1715-1815)*, par R. Mousnier et E. Labrousse, avec la collaboration de M. Bouloiseau (5e éd., 1967, t. V de l'*Histoire générale des civilisations* sous la direction de M. Crouzet). Mise au point par Albert Soboul, *Précis d'histoire de la Révolution française* (1962).

D'un point de vue bibliographique, P. Caron, *Manuel pratique pour l'étude de la Révolution française* (1912, éd. mise à jour, 1947) ; L. Villat, *La Révolution et l'Empire, 1789-1815*. I : *Les Assemblées révolutionnaires, 1789-1799* (1936, t. VIII de la coll. « Clio ») ; J. Godechot, *Les Révolutions (1770-1799)* (3e éd., 1970, t. 36 de la coll. « Nouvelle Clio »).

Bilan des études d'historiographie révolutionnaire et perspectives de recherche dans *Voies nouvelles pour l'histoire de la Révolution française* sous la direction d'A. Soboul (1978).

Table des matières

Imprimé en France
Imprimerie des Presses Universitaires de France
73, avenue Ronsard, 41100 Vendôme
Mars 1989 — N° 34 763

DU MÊME AUTEUR

1789. « L'an I de la Liberté ». Textes et commentaires (Paris, Editions Sociales, 1950, in-8°, 352 p.).

L'Encyclopédie. Textes choisis (Paris, Editions Sociales, 1952, in-16, 260 p., coll. « Les Classiques du peuple » ; 2e éd. revue et augmentée, 1962).

Saint-Just. Discours et Rapports (Paris, Editions Sociales, 1957, in-16, 222 p., coll. « Les Classiques du peuple »).

Les Sans-Culottes parisiens en l'an II. Mouvement populaire et Gouvernement révolutionnaire. 2 juin 1793-9 thermidor an II (Paris, Librairie Clavreuil, 1958, gr. in-8°, 1 168 p., 2e éd., 1962).

Les campagnes montpelliéraines à la fin de l'Ancien Régime. Propriété et cultures d'après les compoix (Paris, Presses Universitaires de France, 1958, gr. in-8°, 154 p. ; publication de la « Commission d'histoire économique de la Révolution française »).

Les Soldats de l'an II (Paris, Club français du livre, 1959, in-8°, 298 p., coll. « Portraits de l'histoire »).

Précis d'histoire de la Révolution francaise (Paris, Editions Sociales, 1962, in-8°, 530 p. ; 2e éd. revue : Paris, Gallimard, 1964, 2 vol. in-16, 378 p. chacun, coll. « Idées »).

Le procès de Louis XVI (Paris, Editions Julliard, 1966, in-16, 268 p., coll. « Archives »).

La France à la veille de la Révolution. I : *Economie et société* (Paris, Sedes, 1966, in-8°, 196 p.) .

Le Directoire et le Consulat (Paris, Presses Universitaires de France, coll. « Que sais-je ? », 2e éd., 1972).

Les sans-culottes (Paris, Le Seuil, 1968, in-16, 256 p.).

La première République, 1792-1804 (Paris, Calmann-Lévy, 1968, in-8°, 366 p.).

La civilisation et la Révolution française. I : *La crise de l'Ancien Régime* (Paris, Arthaud, 1970, in-8°, 636 p.).

Le siècle des Lumières, t. I (2 vol.) : *L'essor (1715-1750)* (Paris, Presses Universitaires de France, coll. « Peuples et civilisations, 1977 »).

Dictionnaire historique de la Révolution française, collectif (Paris, Presses Universitaires de France, 1989).